中国古代寺庙

乔志霞　编著

中国商业出版社

图书在版编目（CIP）数据

中国古代寺庙／乔志霞编著 . --北京：中国商业出版社，2015.10（2022.4 重印）

ISBN 978-7-5044-8593-9

Ⅰ.①中… Ⅱ.①乔… Ⅲ.①寺庙-介绍-中国-古代 Ⅳ.①K928.75

中国版本图书馆 CIP 数据核字（2015）第 229208 号

责任编辑：常　勇

中国商业出版社出版发行

（www.zgsycb.com　100053　北京广安门内报国寺 1 号）

总编室：010-63180647　编辑室：010-83114579

发行部：010-83120835/8286

新华书店经销

三河市吉祥印务有限公司印刷

*

710 毫米×1000 毫米　16 开　12.5 印张　200 千字

2015 年 10 月第 1 版　2022 年 4 月第 3 次印刷

定价：25.00 元

* * * *

（如有印装质量问题可更换）

《中国传统民俗文化》编委会

序 言

　　中国是举世闻名的文明古国,在漫长的历史发展过程中,勤劳智慧的中国人创造了丰富多彩、绚丽多姿的文化。这些经过锤炼和沉淀的古代传统文化,凝聚着华夏各族人民的性格、精神和智慧,是中华民族相互认同的标志和纽带,在人类文化的百花园中摇曳生姿,展现着自己独特的风采,对人类文化的多样性发展做出了巨大贡献。中国传统民俗文化内容广博,风格独特,深深地吸引着世界人民的眼光。

　　正因如此,我们必须按照中央的要求,加强文化建设。2006 年 5 月,时任浙江省委书记的习近平同志就已提出:"文化通过传承为社会进步发挥基础作用,文化会促进或制约经济乃至整个社会的发展。"又说,"文化的力量最终可以转化为物质的力量,文化的软实力最终可以转化为经济的硬实力。"(《浙江文化研究工程成果文库总序》)2013 年他去山东考察时,再次强调:中华民族伟大复兴,需要以中华文化发展繁荣为条件。

　　正因如此,我们应该对中华民族文化进行广阔、全面的检视。我们应该唤醒我们民族的集体记忆,复兴我们民族的伟大精神,发展和繁荣中华民族的优秀文化,为我们民族在强国之路上阔步前行创设先决条件。实现民族文化的复兴,必须传承中华文化的优秀传统。现代的中国人,特别是年轻人,对传统文化十分感兴趣,蕴含感情。但当下也有人对具体典籍、历史事实不甚了解。比如,中国是书法大国,谈起书法,有些人或许只知道些书法大家如王羲之、柳公权等的名字,知道《兰亭集序》

是千古书法珍品,仅此而已。

再如,我们都知道中国是闻名于世的瓷器大国,中国的瓷器令西方人叹为观止,中国也因此获得了"瓷器之国"(英语 china 的另一义即为瓷器)的美誉。然而关于瓷器的由来、形制的演变、纹饰的演化、烧制等瓷器文化的内涵,就知之甚少了。中国还是武术大国,然而国人的武术知识,或许更多来源于一部部精彩的武侠影视作品,对于真正的武术文化,我们也难以窥其堂奥。我国还是崇尚玉文化的国度,我们的祖先发现了这种"温润而有光泽的美石",并赋予了这种冰冷的自然物鲜活的生命力和文化性格,如"君子当温润如玉",女子应"冰清玉洁""守身如玉";"玉有五德",即"仁""义""智""勇""洁";等等。今天,熟悉这些玉文化内涵的国人也为数不多了。

也许正有鉴于此,有忧于此,近年来,已有不少有志之士开始了复兴中国传统文化的努力之路,读经热开始风靡海峡两岸,不少孩童以至成人开始重拾经典,在故纸旧书中品味古人的智慧,发现古文化历久弥新的魅力。电视讲坛里一拨又一拨对古文化的讲述,也吸引着数以万计的人,重新审视古文化的价值。现在放在读者面前的这套"中国传统民俗文化"丛书,也是这一努力的又一体现。我们现在确实应注重研究成果的学术价值和应用价值,充分发挥其认识世界、传承文化、创新理论、资政育人的重要作用。

中国的传统文化内容博大,体系庞杂,该如何下手,如何呈现? 这套丛书处理得可谓系统性强,别具匠心。编者分别按物质文化、制度文化、精神文化等方面来分门别类地进行组织编写,例如,在物质文化的层面,就有纺织与印染、中国古代酒具、中国古代农具、中国古代青铜器、中国古代钱币、中国古代木雕、中国古代建筑、中国古代砖瓦、中国古代玉器、中国古代陶器、中国古代漆器、中国古代桥梁等;在精神文化的层面,就有中国古代书法、中国古代绘画、中国古代音乐、中国古代艺术、中国古代篆刻、中国古代家训、中国古代戏曲、中国古代版画等;在制度文化的层面,就有中国古代科举、中国古代官制、中国古代教育、中国古代军队、中国古代法律等。

此外,在历史的发展长河中,中国各行各业还涌现出一大批杰出人物,至今闪耀着夺目的光辉,以启迪后人,示范来者。对此,这套丛书也给予了应有的重视,中国古代名将、中国古代名相、中国古代名帝、中国古代文人、中国古代高僧等,就是这方面的体现。

生活在21世纪的我们,或许对古人的生活颇感兴趣,他们的吃穿住用如何,如何过节,如何安排婚丧嫁娶,如何交通出行,孩子如何玩耍等,这些饶有兴趣的内容,这套"中国传统民俗文化"丛书都有所涉猎。如中国古代婚姻、中国古代丧葬、中国古代节日、中国古代民俗、中国古代礼仪、中国古代饮食、中国古代交通、中国古代家具、中国古代玩具等,这些书籍介绍的都是人们颇感兴趣、平时却无从知晓的内容。

在经济生活的层面,这套丛书安排了中国古代农业、中国古代经济、中国古代贸易、中国古代水利、中国古代赋税等内容,足以勾勒出古代人经济生活的主要内容,让今人得以窥见自己祖先的经济生活情状。

在物质遗存方面,这套丛书则选择了中国古镇、中国古代楼阁、中国古代寺庙、中国古代陵墓、中国古塔、中国古代战场、中国古村落、中国古代宫殿、中国古代城墙等内容。相信读罢这些书,喜欢中国古代物质遗存的读者,已经能掌握这一领域的大多数知识了。

除了上述内容外,其实还有很多难以归类却饶有兴趣的内容,如中国古代乞丐这样的社会史内容,也许有助于我们深入了解这些古代社会底层民众的真实生活情状,走出武侠小说家加诸他们身上的虚幻的丐帮色彩,还原他们的本来面目,加深我们对历史真实性的了解。继承和发扬中华民族几千年创造的优秀文化和民族精神是我们责无旁贷的历史责任。

不难看出,单就内容所涵盖的范围广度来说,有物质遗产,有非物质遗产,还有国粹。这套丛书无疑当得起"中国传统文化的百科全书"的美誉。这套丛书还邀约大批相关的专家、教授参与并指导了稿件的编写工作。应当指出的是,这套丛书在写作过程中,既钩稽、爬梳大量古代文化文献典籍,又参照近人与今人的研究成果,将宏观把握与微观考察相结合。在论述、阐释中,既注意重点突出,又着重于论证层次清晰,从多角度、多层面对文化现象与发展加以考察。这套丛书的出版,有助于我们走进古人的世界,了解他们的生活,去回望我们来时的路。学史使人明智,历史的回眸,有助于我们汲取古人的智慧,借历史的明灯,照亮未来的路,为我们中华民族的伟大崛起添砖加瓦。

　　是为序。

傅璇琮

2014 年 2 月 8 日

前　言

　　佛教在我国有着悠久的历史，寺庙遍及全国各地，素有"天下名山僧占多"之说。凡青山碧水、古树郁苍、园林幽静之处，多有依山而建的寺庙。并与山水、险峰、岩洞风光融为一体，形成独具风格的奇特景观。

　　我国的佛教寺庙有三大类型，这是由佛教传入我国的路线形成的。佛教为世界三大宗教之一，是在距今2500多年前的公元前6世纪到公元前5世纪，由释迦牟尼创立。最早从西域传入我国，至今已有2000年的历史。

　　从洛阳白马寺的诞生到现在，我国佛教寺庙的建筑历史已经将近2000年。在此期间，我国佛教寺庙旧建筑发生了很大的变化。在这漫长的历史岁月中，有的寺庙早已灰飞烟灭，有的寺庙屡毁屡建，而新的寺庙也在不断诞生，数量之多，难以胜计。各代皇帝，大多推崇佛教，钦命修建的佛教寺庙数量众多。民间修建的佛寺，更是难以胜计。由于战争或自然灾害等原因，其中相当一部分寺庙虽然早已毁坏，但留存到今天的仍旧不少。许多地方还新修了许多佛寺。

　　我国佛教寺庙建筑不断发展。从公元1世纪东汉时期第一座佛教寺庙的出现，到公元7世纪的唐朝初期，我国的佛教寺庙主要是以佛塔为中心的廊院式建筑群。

中国历史上出现过许多宗教，其中以佛教、道教、伊斯兰教源远流长，影响深远。这些宗教遗存下来的寺庙塔楼等建筑文物古迹，星罗棋布、异彩纷呈，遍及神州大地，展现了我国各个历史时期、各地区、各民族的建筑特色和艺术风采，千百年来一直是中华民族建筑文化的象征。寺庙文化作为一种特殊的文化，2000年来一直影响着中国传统文化的发展。佛教自西汉末年传入中国后，经历了一个与中国传统的儒道文化既相互排斥，又相互兼容的过程。寺庙文化历经各个时代的不断传承、发展、演变，使之魅力日见突出，几乎囊括了各种传统文化的精华，内容更加异彩纷呈，包罗万象。

在建筑艺术上，许多寺庙都是中国古代建筑的典范之作；在造像艺术方面，有泥塑、陶塑、蜡塑、石雕、玉雕、铸雕等；在书法艺术方面，有诸多书法流派艺术大师亲手挥毫泼墨题写的匾额、楹联及林林总总的碑刻；在绘画艺术方面，有造诣颇深的壁画、纸画、帛画、木刻、绘画等。此外，还有诗文、法器、佛乐、武功、舞蹈、园林、陈设等艺术，其传统历史文化的蕴藏是极其广泛深厚的。

本书绘出了一条了解中国古代寺庙建筑艺术发展的历史长廊，它再现了中国古代寺庙建筑发展的基本轮廓，并融合了知识性与趣味性，给人们带来了美的启迪与知识的传递，对于想了解中国古代寺庙建筑艺术文化的朋友，特别是青少年朋友们，是十分有益的。

目录

第一章　走近古代寺庙

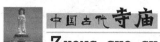
第四章　华东与中南地区的著名寺庙

第五章　西南与西北地区著名寺庙

第一章

走近古代寺庙

　　佛教传入中国有着悠久的历史,数万座庙宇遍布中国各地,素有"天下名山僧占多"之说,一座座依山而建的寺庙,与山水相映,同险峰相衬,共岩洞相秀。一道道独具风格的奇特景观,若身临其境,便有步入世外桃源之感,心旷神怡,忘情流连。

第一节
寺庙的出现

古代寺庙概况

遍及神州大地的佛教寺庙，是中国古建筑的重要组成部分。无论是总体布局，还是单体建筑，都具有浓郁的东方色彩。在中国，这类建筑不但数量多、分布广，而且是中国古建筑中的精品，甚至现存建筑时间最早的木结构地面建筑，也保存在佛教寺庙中。北京智化寺、雍和宫，山西五台南禅寺大殿、佛光寺大殿、大同华严

佛教圣殿：布达拉宫

寺薄伽教藏殿，浙江宁波保国寺大雄宝殿，天津蓟县独乐寺观音阁，河北正定隆兴寺摩尼殿、井陉福庆寺桥楼殿，山西应县木塔、浑源悬空寺，西藏拉萨布达拉宫，青海湟中塔尔寺等，都是中国古建筑中的杰出作品。

中国佛教寺庙也是中国文物的宝库。雕刻、绘画、经典、碑刻，应有尽有。陕西扶风法门寺的佛指骨真身舍利、双轮十二环纯金锡杖，北京八大处灵光寺的佛牙舍利，山西五台南禅寺、佛光寺的唐代雕塑，大同华严寺、善化寺，天津蓟县独乐寺的辽、金泥塑，山西平遥双林寺的明、清彩塑，四川新都宝光寺、云南昆明筇竹寺的清代罗汉塑像，山西洪洞广胜寺的元代壁画，

北京法海寺的明代壁画，北京云居寺的历代石经、大钟寺的永乐大钟，以及四川乐山凌云寺的大石佛，山西五台显通寺的铜塔，湖北当阳玉泉寺的铁塔，福建泉州开元寺的石塔，福州涌泉寺的陶塔等，都是中国文物中的珍品，彪炳史册。

佛教并不是中国本土产生的宗教，佛教寺庙也不是中国古建筑中的原有形式。中国的佛教寺庙是随着佛教的传入而诞生，随着佛教的广泛传播而逐步发展起来的。那些珍藏于佛教寺庙中的难以计数、价值连城的文物，是古代的人们通过艰苦的努力，创造并保存下来的。这本书里，我们将向读者简要地介绍中国佛教寺庙的出现及其发展、著名的佛寺建筑及其珍贵的文物。

中国的第一座佛教寺庙

中国历史上修建的第一座佛教寺庙，就是至今尚存的河南洛阳的白马寺。据记载，这座寺庙初建于汉明帝永平十年（公元 67 年），比佛教的创立晚了大约 600 年。佛寺是为佛陀教育的需要而建的常住建筑。

佛教是世界三大宗教之一，主要流传于亚洲，至今有信徒 2 亿多人。

洛阳白马寺

佛教创立于公元前 6 世纪至公元前 5 世纪时期。那时，在喜马拉雅山南麓，即今日尼泊尔南部提罗拉科特附近，古印度迦毗罗卫国国王净饭王的长子乔达摩·悉达多（公元前 565—公元前 485 年），目睹人生有生老病死等种种痛苦，为求得解脱，29 岁（一说 19 岁）时毅然抛弃了优裕的王室生活，离家出走，苦苦修行。6 年之后，乔达摩·悉达多终于得道成佛。

佛是佛陀的简称。在梵文中，佛陀是觉者、智者、知者、先觉者的意思。古印度人把乔达摩·悉达多称为佛，就是说他首先觉悟到人生的真理。公元前 485 年，乔达摩·悉达多涅槃后，他的弟子们给了他一个尊号，叫作释迦牟尼。释迦，是族名；牟尼，是仁、忍、寂的意思。合起来说，就是能仁、能寂的圣人。如今，人们通常把释迦牟尼与佛并称，叫作释迦牟尼佛。

释迦牟尼成道后，在古印度的中部、北部、东部一带不倦地传教。在他逝世后，他的弟子一代一代地传播他的教义，使佛教的传播范围越来越广。

公元前 3 世纪，古印度孔雀王朝的国王阿育王（约公元前 272—公元前 226 年在位），将佛教推出了国境，使它走向了世界。

印度佛教传入中国的路线有三条：第一条是从印度经中亚，通过古"丝绸之路"传入中国；第二条是从印度、尼泊尔传入我国的西藏和其他地方；第三条是通过斯里兰卡、缅甸、泰国传入我国云南西双版纳一带。其中，第一条路线是主要的。由于汉武帝（公元前 140—公元前 87 年在位）时开辟了中国汉朝通往中亚、西亚的交通干道，东西往来的人们把当时已经传入中亚一带的印度佛教的教义带到了中华大地，只不过当时流传的范围还不广，知道的人也不多，史书上也鲜有记载。

《魏书·释老志》上说，汉哀帝元寿元年（公元前 2 年），大月氏国使臣伊存，曾在当时汉朝的首都长安（今西安），向汉朝的博士弟子秦景宪口授《浮屠经》。

但是，人们一般公认并有据可查的佛教传入中国的时间，是汉代永平年间（公元 58—75 年）。

传说汉明帝永平七年（公元 64 年）的一天夜里，汉明帝梦见一位金人，身长丈六，脖颈放光，飞行于庭前。第二天，明帝召集群臣议论此事。大臣傅毅说，西方有被称为"佛"的神，其形象和陛下梦见的一样。于是，汉明帝就派郎中蔡愔、中郎将秦景、博士弟子王遵等 12 人，前往天竺（今印度一带）求取佛法。经过长途跋涉，历尽千辛万苦，蔡愔等人来到了大月氏（今阿富汗一带），遇到了中天竺高僧竺法兰、迦叶摩腾，并得到了佛经和佛像。应蔡愔、秦景等人的邀请，迦叶摩腾、竺法兰和他们一道于永平十年（公元 67 年）来到了当时的首都洛阳。汉明帝让他们在接待贵宾的地方鸿胪寺中暂歇。同时，汉政府又在洛阳的雍门外御道旁，为两位天竺高僧修建馆舍。馆舍建成之后，便以长久的教育处所命名，叫作寺。从此，佛寺一词便成了佛

白马寺

教建筑的一种专用名称。因为蔡愔等人从西域取得的佛像和佛经是用白马驮回来的，于是，这座佛寺便被叫作白马寺。这就是中国历史上修建的第一座佛教寺庙。

白马寺建成之后，迦叶摩腾、竺法兰二位高僧住了进去，传播佛法，并在寺中翻译佛经《四十二章经》。按照佛教教义的规定，此时的中国已经有了佛（佛像）、法（佛经）、僧（地道的出家修行人）三宝，也才有了严格意义上的佛教。因此，说佛教在此时传入中国，应该说是确切的。

同时，作为中国佛寺建筑的起点，自白马寺建成之后，随着佛教在中华大地上的广泛传播，佛教寺庙的修建也就陆续开始了。随着历史的推移，佛教寺庙就逐渐成为中国古建筑中数量多、分布广的一种类型。直到今天，在中国的土地上还有成千上万座佛教寺庙。其中，较为著名、保存也较完好的寺庙，至少有上千座之多。

从以塔为中心到以殿为中心

中国的佛教有两大派别，即北传佛教和南传佛教。北传佛教又派生出一支，这就是藏传佛教。在这几派佛教中，南传佛教的传播地区较小，仅限于云南西双版纳傣族自治州、德宏傣族景颇族自治州一带。藏传佛教是汉族地区的北传佛教、印度佛教和西藏本地宗教苯教相融合并加以改进的产物，诞生的时间也较晚。因此，我们在介绍中国佛教寺庙的发展情况时，就以北传佛教中的汉族佛教寺庙为代表了。

在中国，现存的汉族佛教寺庙建筑与早期的汉族佛教寺庙建筑有很大的不同，其间经历了一个以塔为主到以殿为主的发展时期。前一个时期，约在两汉之间的公元1世纪至唐朝初年的公元7世纪，后一个时期从公元7世纪直到今天。

和尚墓塔

兴修于公元一世纪的中国第一座佛教寺庙洛阳的白马寺，就是以塔为中心的。据说，白马寺的中心建筑是一座大方木塔，周围建有殿堂、廊门。在古印度，当释迦牟尼入灭后，弟子们为纪念他并弘扬佛法，便建塔把他的身骨舍利埋葬起来。因此，塔就成了佛教徒们顶礼膜拜的神圣建筑。受印度佛教建筑的影响，中国的佛教信徒最初在修建寺庙的时候，就把塔放在中心位置上了。但是，古印度的佛塔是覆钵式，而中国的佛塔则多为楼阁式或密檐式；古印度佛塔旁边并没有其他建筑物，而中国的佛塔周围却有殿堂、廊庑、楼阁，殿堂、廊庑和楼阁是中国传统建筑中固有的类型。因此，中国的佛教寺庙，从一开始就以中国民族文化和外来文化相结合的形式出现。而这种结合，随着佛教和佛寺建筑的发展而日益丰富、日渐完善。

　　白马寺的修建，表明印度佛教在中国已有了传播的基地，同时也说明了中国封建统治者对佛教的承认。从此以后，由于封建统治阶级的扶植和支持，随着中国佛教的逐步发展，佛教寺庙越来越多，寺庙的建筑也在日益变化。

　　公元250年，中印度僧人罗诃迦罗，在洛阳白马寺内设立戒坛，正式在那里为中国僧人受戒，使中国有了正规受戒的僧人。在此之前，中国的佛教徒出家，仅仅是剃去须发，跟随师父修行而已，并没有履行严格的出家"手续"。

　　公元4世纪中叶，道安法师（313—385年）制定了中国历史上第一个僧团制度，规定了僧人的行为准则和宗教仪式，使僧人的言行从此受到约束。僧人出家去除俗姓，而以法号相称，便是从这时开始的。

　　公元4世纪末，后秦王姚兴请来西域龟兹高僧鸠摩罗什（344—413年）。鸠摩罗什翻译了大量佛经，丰富了中国佛教经典的宝库。其中以《法华经》最为著名，对后世的影响最大。

　　公元429年，斯里兰卡尼姑铁萨罗等十九人来到中国，为中国的尼姑受戒。从此，中国的尼姑一改过去出家仅仅剃去头发的惯例，而开始有了本国的真正受戒的尼姑。

　　在此期间，佛教在中国的传播非常迅速，佛教寺庙的修建也如雨后春笋。在北魏（386—534年）管辖区内，有佛寺3万余座，其中，仅首都洛阳一城，就有佛教寺庙1367座。梁朝武帝萧衍（502—549年在位），自称是佛法僧"三宝之奴",不但自己登坛讲经,还四次舍身出家,都被群臣用重金赎回。在他的统治下,梁朝大修佛教寺庙。据记载,仅梁朝就有佛寺2846座。在隋朝,隋文帝曾诏令全国修建佛寺、佛塔。据统计,隋朝时全国共有佛教寺庙3985座。唐初,太宗李世民曾下令全国,交兵之处,修庙祭祀。如今北京城内的法源寺,其前身就是唐太宗时期为纪念征东阵亡将士而修建的悯忠寺。唐会昌五年(公元845年),唐武宗一次灭法,就毁掉了佛教寺庙4600余座。当时中国佛教寺庙之多,可以想见。

唐代以前修建的佛教寺庙,多为木结构建筑。由于年代久远,自然的损毁再加上人为的破坏,现已不存一座。但是,关于寺庙的建筑情况,史书上的记载还是不少的。

杨衒之著的《洛阳伽蓝记》一书,记述了北魏首都洛阳主要佛教寺庙的情况。书中说,永宁寺为"熙平元年(516年)灵太后胡氏所立也……中有九层浮图一所,架木为之,举高九十丈。有刹,复高十丈,合去地一千尺。去京师百里,已遥见之……浮图北有佛殿一所,形如太极殿。"从这段记载中可看出,建于公元6世纪初的永宁寺,殿在塔后,全寺以一座大木塔为中心,且塔高大、突出,目标显著,在首都之外很远很远的地方即可看见。

《洛阳伽蓝记》中还说,当时洛阳城内外,许多寺庙如长秋寺、瑶光寺、秦太上君寺、景明寺等寺中,皆有高大雄伟的塔,并且居于寺内的主要位置上。

《魏书·释老志》记载:"……(北魏)肃宗熙平中,于城内太社西,起永宁寺。灵太后亲率百僚,表基立刹。浮图九层……其诸费用,不可胜计。景明寺浮图亦其亚之。至于官私寺塔,其数甚众。"

这些记载表明,塔是佛教寺庙建筑群的主体。

从东晋(317—420年)时起,有的寺庙开始有了双塔。在南北朝(420—589年)时期,寺庙中塔的数目越来越多。其中,有佛塔,也有埋葬高僧舍利和遗骨的和尚塔。到了唐朝(618—906年),中国佛教寺庙的建筑发生了较大的变化,塔的位置逐步降低,殿的位置日益提高。开始,塔、殿并立;继而,塔在殿后;最后,塔被置于寺外,或另建塔院,而殿却被放在寺庙建筑群的主体位置上。现在我们所看到的寺院,供奉释迦牟尼佛像的大雄宝殿、供奉弥勒佛像的天王殿或弥勒殿、供奉毗卢遮那佛像的毗卢殿等，一般都布置在寺庙的中轴线上，高大突出，十分醒目。如规模不小、遐迩闻名的河南登封少林寺，寺内主建筑是佛殿，没有一座佛塔，所有的塔，包括拥有 200 余座寺院高僧墓塔的塔林，都被安置在寺外。

当然，在现存的佛教寺庙中，有的也建有塔，但多为和尚墓塔，规模不大，放置的地方也并不显要。如北京潭柘寺的延寿塔，就被放在寺后的角落里。陕西长安县兴教寺内，建有唐代高僧玄奘法师（602—664 年）的墓塔。玄奘是中国历史上的一代名僧，对中国佛教的发展贡献很大。按理，他的墓塔应当放置在寺院的显耀位置。但事实上，玄奘的墓塔虽然高达 20 多米，但仍安置在兴教寺的跨院中，兴教寺的主体建筑仍然是佛殿。

寺庙中塔的变化

兴建于唐代、以后又多次修葺的山西永济普救寺、四川新都宝光寺等，寺院中均有高大的、保存着唐代风格的方塔，但塔的位置已远不如以前。它不是这些建筑群的主体。这些寺庙的主体建筑，仍然是殿。人们在寺庙中焚香拜佛、诵经做法事，一般均在殿中，而不是在塔前。所以，这些高塔的存在，只不过是塔曾经是佛教寺庙主体建筑的历史见证罢了。

何以会有这么大的变化呢？其原因大概有以下几点：

第一，这是中国佛教自身发展的结果。前面已经介绍过，印度的佛教自公元 1 世纪正式传入中国之后，公元 250 年，中国开始设坛受戒；公元 429 年，中国开始有了受戒出家的尼姑；公元 4 世纪中叶，中国有了自己的约束佛教徒的僧团制度（或叫言行规范）。到了唐初，著名僧人道宣（596—667 年），又根据中国的国情，提出了中国佛寺建筑的《戒坛图经》，制定了佛寺设计的标准。《戒坛图经》明确指出，殿是寺的中心。

第二，受中国传统建筑形式的影响。自殷周至唐代的 2000 多年中，中国的建筑，包括宫殿、王府、署衙、宅第等，逐步形成了以殿为主，由层层院落组成的传统建筑模式。这种模式，是中国人早已习惯并长期采用的形式。佛寺是传播佛教、弘扬佛法的据点，要使它更有效地发挥传教的作用，就应该采用中国人民早已熟悉并喜欢采用的建筑形式。因此，道宣法师之所以在《戒坛图经》中提出了中国佛教寺庙以殿为主的设计标准，大概也是受了中国传统建筑模式影响，并从佛教的需要出发作出选择的结果。

第三，"舍宅为寺"行为的增加。自佛教传入中国之后，王公、贵族、富商，甚至皇帝，为表示自己对佛的崇敬，往往把自己的宅第、花园甚至王府舍作寺院。广东省广州市的光孝寺，原为汉朝（公元前206—公元220年）南越王赵陀玄孙赵建章的住宅，后为三国时期吴国（222—280年）骑都尉虞翻的讲学处。虞翻死后，其家人将住宅舍作佛寺。河南登封嵩岳寺，原为北魏宣武帝拓跋恪（500—515年在位）的离宫，后由其子舍作寺院。《洛阳伽蓝记》中记载，仅北魏首都洛阳的40多座著名寺庙中，平等寺、大觉寺、高阳王寺、宣忠寺、追光寺、冲觉寺等，均是达官贵人、王公贵族将其宅第舍出作为寺院的。福建漳州的南山寺，原为唐朝开元年间（713—741年）太子太傅、忠顺王陈邕的住宅，后来陈邕将其舍作寺院，并让女儿金花在此出家、削发为尼。由此可见，中国历史上舍宅为寺的行为是多么的普遍。这些皇家离宫、达官贵人的宅第，均为传统的中国古典建筑，庭院深邃，大殿地位突出。它们被舍作寺院，无疑就使寺庙的建筑发生了变化，并对佛寺建筑的布局和设计产生了很大影响。

当然，舍宅为寺并不是中国佛寺建筑的特创。早在佛祖释迦牟尼在世时，古印度就已有了舍宅为寺的先例。不过，中国历史上舍宅为寺的行为远远超过了印度。

第四，在中国古代人们的心目中，殿的位置是崇高的、神圣的、显赫的。封建皇帝商议国家大事、举行大典的地方叫作殿；摆放天、地、社稷、神灵和祖宗牌位并进行祭祀的地方，也叫作殿。因此，在佛教寺庙中，供奉佛像、礼佛、诵经的地方，也该称作殿。这样，在中国的佛教寺庙中，提高殿的位置，也就势所必然了。

到了宋代，以殿为中心的佛教寺庙，又被中国佛教中的一个重要派别禅宗，发展成为"伽蓝七堂"的建筑形式。所谓的"伽蓝七堂"，就是指佛殿、法堂、僧房、库橱、山门、西净、浴室等。这样，从印度传来的佛教寺庙，已经全部"中国化"了。

这里还需要补充的一点是，以塔为主的佛寺布局在唐代以后也时有反复，如山西佛宫寺的辽代释迦塔（应县木塔）、内蒙古巴林右旗的辽代庆州白塔子白塔和明代的北京真觉寺金刚宝座塔等，在寺中都占了中心的重要位置。但寺的殿堂和佛像，仍起着重要作用。与早期的以塔为主的佛寺布局，也就有所不同了。

知识链接

神州第一大卧佛

我国有许多当世罕见的大佛。其中四川省乐山市的凌云大石佛，高达71米，堪称世界大佛之最。西藏日喀则扎什伦布寺的大铜佛，通高26.2米，居世界铜佛之首。承德避暑山庄普宁寺中的千手千眼观世音，高22.28米，号称我国第一木质大

卧佛寺的卧佛头

佛。雍和宫万福阁内独木雕成的大佛，高达18米，素有独木大佛之冠的赞誉。那么神州第一大卧佛在哪里呢？它就在北京香山公园北面2500米之外的卧佛寺内。

卧佛寺建于唐朝贞观年间，距今已有1300多年的历史，但传说中的建寺年代更为久远。卧佛寺曾多次更易其寺名。唐代称"兜率寺"，以后又相继被命名为"大昭孝寺""洪庆寺""永安寺""寿安禅林""十方普觉寺"。但终因寺中有一元代铜卧佛最为著名，故俗称"卧佛寺"。

卧佛寺掩映在浓荫翠绿的密林深处，整座寺院分为三进院落，最后一进院落的正殿便是卧佛殿。殿门匾额上书有"性月恒明"四个大字，这是

出自清朝慈禧太后的手笔。进入殿内，只见一尊释迦牟尼铜像侧身躺在一张大床榻上。铜像全长5.3米，高1.6米，重约54吨。据《元史》记载，这尊铜卧佛铸造于元朝至治元年（1321年），用铜25万千克，历时一年多的时间才铸成。解放后，有关部门曾对卧佛进行了探查，结果证明铜卧佛是实心的。卧佛的身后及东西两侧共环立着12个"圆觉"菩萨，据说这12个小塑像，是释迦牟尼的10个弟子。卧佛的背后，悬挂着乾隆皇帝御笔的"得大自在"巨幅横匾。

卧佛的头部朝西，面部向南，右手曲肱轻轻托起头部，左手自然伸平舒放于腿上，它袒胸露臂，神态安详，心安理得的内心世界表现得淋漓尽致。卧佛的体态显得十分自如，佛身上穿的衣服色彩鲜明，线条自然流畅。铸造工艺如此精细，令人惊叹。这尊大卧佛，不愧为古代铜铸艺术品中的巨作。它充分表现了元代高超的冶炼技术和通过艺术表现佛教题材的净化肃穆的风格。

人们通常见到的佛像，大部分是立像或坐像；为什么寺庙中还出现这种卧式的佛像呢？据说，这是表现佛祖释迦牟尼临终前向弟子们嘱咐后事时的形象。因此卧佛旁环立的12位弟子，个个被塑成眉垂目低、虔诚悲哀的神情。还有一种说法认为：对于佛教徒来讲，佛是不生不灭的。释迦牟尼是不能死去的，因而将佛祖临终的形象刻画成卧式，以表现"卧游"的意思，也就是说佛祖出门远游而走了，是从一个境界到另一个更高境界的"漫游"。

另外，据史料记载，明朝万历年间，做过宛平知县的沈榜，曾经提到卧佛寺里除铜卧佛外，还有一尊与铜卧佛大小相等的石卧佛，传说它是唐代建寺时的物品。可惜不知后来流落何方了。有人说毁于当年军阀混战之中。如果能保存到今天，那么两尊卧佛合成"双璧"，相互辉映，同登神州第一卧佛的宝座，将会别有一番情趣。

第二节
寺庙佛像

"佛"是梵语"佛陀"（"浮屠""浮图""勃驮"）之音译简略。汉语的意思是"觉者"。即"自觉""觉他""觉行圆满"的人，是"大彻大悟的彻底解脱者"。"佛"是"得无上正知正见之人"，是觉悟了人生真谛的意思，是从认识到行动都能从无边困惑中明白过来、觉悟过来的人，并能帮助他人觉悟过来。佛在佛教中拥有最高的地位。

中国佛教寺庙雕塑最多、知名度最高、影响最大的是释迦牟尼佛、药师佛和阿弥陀佛，下面分别介绍。

释迦牟尼佛

释迦牟尼佛，亦称"佛祖""释尊""世尊""释迦文佛"和"如来佛"，佛教称他是娑婆世界的主尊佛。

释迦牟尼族姓乔达摩，名悉达多，是古印度一个小国迦毗罗卫国净饭王的太子。

母亲名摩耶，是国王的表妹，结婚20年未生子女。一日梦白象投胎授孕。分娩前回娘家时，路经一座花园，她在园中攀扶树枝时，太子从右胁降生。这就是"白象投胎"和"太子出生"的故事。

悉达多降生下来，就举足向东西南北行7步，每走一步地上就出现一朵莲花。他一手指天，一手指地，做狮子吼状，并道："天上天下，唯我独尊。"

国家博物馆馆藏释迦牟尼佛铜坐像

这时，香风四散，花雨缤纷，仙乐齐鸣，同时，天上出现了九条龙，口吐清泉为太子沐浴。这就是"九龙浴佛"的典故。贵阳黔灵山弘福寺山门正对的大照壁就是反映"九龙浴佛"这一典故的大型精美浮雕。

农历四月初八是佛的诞生日，至今不少地方和寺庙，这一天要举行规模盛大的活动，庆祝浴佛节。

太子诞生七天后母亲去世，由姨母摩诃波闍波提抚育成长。

太子出生后不久，国王请了一位大师为太子看相。大师曰："太子的相具足三十二相八十种好……将来一定成佛。"这就是雕塑佛陀形象要有"三十二相"和"八十种好"的典故。

太子7岁开始学文习武，很有才华，但性情清宁、忧郁。父王在他17岁时就为他完婚，夫人是一个小国德貌双全的公主，名耶输陀罗。

悉达多29岁时，在一个深夜告别妻子，带着马夫和五个随从离开了王宫。他剃去了头发，切断了和俗世的联系，向南方询道而去。他一路走访了许多名师，仍然不得解法。于是他下决心在尼连禅河畔的伽耶毕波罗森林中苦苦修行，以求正果。他整整苦修了6年（另一说长达13年），尝尽了各种严酷折磨，瘦得皮包骨头，也未修得正道。他终于理智地觉悟到，苦修并不能解脱人世间的苦难，毅然放弃了这种苦修，接受了牧女馈送的乳糜，恢复了体力。与悉达多同修行的5人，误认他弃道思念王室生活，离他而去，只剩下他1人。

释迦经过7天7夜的禅定，埋除私我，思索解脱之道，终于在十二月初八凌晨，明星出现在天空，他感到顿时光辉灿烂，豁然大悟，悟知了人生一切、世间一切和天人合一的秘密。悟得"四谛"（苦、集、灭、道，即人生痛苦的缘由和解除苦难的途径）、"八正道"（正见、正思维、正语、正业、正命、正精进、正念、正定，即达到涅槃的正道）、"十二因缘"（无明、行、识、名色、六处、触、受、爱、取、有、生、老死，即表明人生一切活动互为因果的关系），达到正觉的境地，终于得道成佛。当时大地震动，人神齐赞，地狱鬼畜三道一时脱离苦海。

从此，人们就用释迦牟尼、释尊、世尊、如来、佛陀、无上觉者等尊称来称呼悉达多太子。他时年 35 岁。

释迦成佛后，到处宣传佛法，普度众生。

释迦首先到曾追随过他的五人住地鹿野苑，教化他们，初转法轮（佛教界称，讲说佛法为转法轮。轮原是古印度的一种武器，用轮比喻佛法威力无比，可以战胜一切邪教）授道，使乔陈如等 5 人成了释尊最早的弟子。从此，佛教足具了"佛、法、僧"三宝，这是佛教成立的标志，释迦也就成了佛教的创始者。

释尊 35 岁得道成佛，传教 45 年，开讲 300 余次法会，救度了无数众生，传教足迹遍布古印度各国。在他 80 岁时，去舍卫城的途中自感阳寿将尽，他走到恒河边的婆罗树林，躺在两棵大婆罗树之间，面向西方，右手曲肱支头，左手平展在左侧，叠足安卧，对身边的 10 位大弟子进行了最后的说法，静静地进入了涅槃。这一天是农历二月十五，是佛祖的圆寂纪念日。

众弟子从四面八方赶来，瞻仰悼念佛祖。火化后除骨灰外，炼结了许多舍利子。古印度 8 个大国和一些小国国王都想得到佛祖舍利，经协商，把舍利分成 8 份给了 8 个大国，2 个小国得到了骨灰。他们带回自己的国家建塔供奉。因此在公元前 5 世纪古印度就有了 10 座佛塔，这就是舍利塔的来历。

菩萨塑像

"菩萨"是指"能觉一切有情"，菩萨具备佛陀的智能，因慈悲心不忍入涅槃，一心救济众生。菩萨造像通常要求神态端庄，表情慈祥，以表示菩萨救度众生的慈悲情怀。菩萨的衣饰要求庄重而华美，一般都戴有不同类型的天冠或头饰，身披璎珞，手戴环钏，衣裙飘逸，手中一般持有物品，如莲花、佛珠、如意钩、净水瓶等。许多菩萨形象被女性化，而且不同的菩萨造像各有不同特点。文殊菩萨以狮子为坐骑，代表智能，常和骑白象代表菩萨修行

瓷雕菩萨塑像

"六度"的普贤菩萨成组出现。观音是最普遍受人崇拜的菩萨，一般一手持莲花，表示一切众生自性清净的心莲，因受无明妄想缠缚，无法自行开放，观音以其慈悯大悲将莲花打开。除莲花外，观音常见的持物为水瓶、拂尘和杨柳。水瓶在热带印度为生活必需品，代表身心净化及以慈悲法水溅洒众生之意；拂尘可拂去恶浊障难；杨柳代表柔软和的德行。盛唐观音立像姿态婀娜；中晚唐发展出单尊水月观音的造型，半跏倚坐，闲适自在；宋代云南大理国的真身观音不论脸型和造型均具地方特色；明代更因应民间的需求，观音类别更多，如抱子观音，从观音经中"设欲求男……便生福德智能之男，设欲求女，便生端正有相之女"的典故而出，观音无疑是最受民间喜爱的菩萨。

罗汉造像

罗汉是梵语"阿罗汉"的略称。含有三义，一不生，二杀贼，三应供。罗汉一般不单独供奉，总是以群体的形式出现，常见的有十六罗汉、十八罗汉、五百罗汉等。罗汉造像的共同特征就是光头，既无发髻，又不戴帽，一副出家和尚的形象。罗汉造像的名称一般是某某"尊者"，如迦叶尊者、阿难尊者等。

铜雕罗汉

天神造像

1. 诸天造像。诸天造像没有严格规定，体形、姿态、穿着、手持物品、坐骑等千姿百态、五花八门，但一般男性剽悍威武，面目狰狞；女性神态端庄、贤淑典雅。最常见的有"哼哈二将"和"四大天王"。

走进山门殿，门口就会出现两大金刚，俗称"哼哈二将"，哼将头戴武将冠冕，上身裸露，手持金刚杵，双目圆睁，鼓鼻呼气，正准备用"哼"的法术降伏妖魔；哈将的神态也差不多，不同的是正在张口哈气，准备用"哈"的法术战胜敌人。

凶悍的哼哈二将

天王殿弥勒佛两侧一般是四大天王的塑像。四大天王为东方持国天王，白色塑像，披铠挂甲，手持琵琶，象征调；西方广目天王，红色塑像，手臂缠绕着一条蛇，象征顺；南方增长天王，黄色塑像，手持青光宝剑，象征风；北方多闻天王，绿色塑像，手持混元珠伞，象征雨。四位天王代表了老百姓"风调雨顺"的愿望。

2. 天龙八部造像。天龙八部是指天、龙、药叉、天乐神、阿修罗、金翅鸟神、天歌神、蟒神。

3. 天女造像。宝藏天女的造像为头戴花冠，身穿黄袍，脚蹬金带乌靴，右手持莲花，左手持如意宝珠。伎艺天女身穿天衣，颈配璎珞，腕戴环钏。两位天女都是浑身洁白，象征纯洁无瑕。

祖师造像

佛教各宗派所崇拜的祖师一般是佛教史上的著名高僧或传说人物。大雄宝殿前面大院的两座配殿，东边是伽蓝殿，殿中供奉的是波匿王，他是印度中部拘萨罗国王，是佛陀的支持者和信徒；左边是他的太子祇陀，右边是波斯匿王的

祖师殿

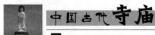
大臣给孤独长者，意思是经常向孤独的贫贱者给予施舍的老人。西边是祖师殿，用来供奉本宗有突出功劳的祖师。殿的正中一般供奉禅宗初祖达摩，其左右则往往是惠能、马祖、百丈等人的塑像。

 知识链接

寺庙中的哼哈二将

哼哈二将，为明代小说《封神演义》作者陈仲琳根据佛教守护寺庙的两位门神，附会而成的两员神将。形象威武凶猛，一名郑伦，能鼻哼白气制敌；一名陈奇，能口哈黄气擒将。

哼哈二将，也叫金刚，是梵文 Vajra 的意译，音译为"缚日罗"、"伐折罗"。金刚杵本为吠陀和印度教神话中的粗棒、狼牙棒，是众神之因陀罗的武器。它有四角或 100 个角，还有 1000 个利齿，十分厉害。金刚杵以金、银、铜、铁或硬木制成，长有 8 指、12 指、16 指、22 指不等，中间有手柄，两端有独股、三股、五股、九股等刃头。金刚杵曾作为丰产的象征出现，它还曾是公牛生殖器的形象。到了佛教中，金刚则有"金中最刚"之意，成为牢固、不灭的象征，以其比喻坚固、锐利，能摧毁一切。原来的古印度兵器金刚杵在佛教密宗中则用以表示坚利之智，为断烦恼、伏恶魔的法器。

第二节
僧尼的日常生活

　　寺庙是有别于世俗社会的神圣的僧侣社会，在这里，僧尼们过着在世人眼中多少有些神秘的生活，他们焚香拜佛、念经修禅，日复一日，年复一年，似乎永无尽期。僧尼的日常生活并不像人们通常所想象的那么轻松简单，当然更不像影视片所描述的那么浪漫。其实，僧尼的日常生活颇有规律：他们的饮食起居都有一定的时间，行、住、坐、卧也都有一定的法度。

　　僧尼们的日常功课可以概括为以下几个方面：

课诵与赞呗

　　课诵是指僧尼定时诵经念佛、礼拜三宝的法事，这是僧尼日常最重要的功课。大约自宋代以后，寺庵课诵多定于朝（五更）暮二时，合约 4 个小时。课诵的内容则依宗派的不同，早晚各有区别。至于课诵的方法更是五花八门，主要有声音念诵（出声念）、金刚念诵（合口默念）、三摩提念（心念）、礼拜念（边拜边念）、四威仪中皆念（行、住、坐、卧即"四威仪"），等等。也许有人要问，佛教徒为什么要天天诵经呢？据佛教徒自己的解释，其依据有三：一是用来学习佛法和宣传佛法；二是把佛经当作监察自我修行的镜子；三是代佛说法普度众生。

　　僧尼课诵及做种种法事的前后，通常还要梵呗歌赞或云赞呗，这相当于

僧人在课诵

基督教教堂中的唱圣诗。赞呗也称梵呗，今称唱念，其实质是一种佛教乐曲，是歌咏佛德的佛教颂歌。据说中国赞呗起源于曹魏时代，乃三国时著名文学家曹植所创：曹植在游鱼山时，忽闻空中有一种梵响，清扬哀婉；细听良久，深有体会，乃摹其音节，写为梵呗，撰文制音，传为后世。赞呗流传以后，音调曾因地域不同而有南北之别，但它们的共同特征是主要的，那就是：远、虚、淡、静。近年来，五台山佛教音乐声名鹊起，饮誉海内外，就充分说明了佛教音乐的魅力。

 **供佛**

供佛就是拿种种供物来奉养佛教诸神，这也是僧尼日常生活中的一项主要活动。在较大的寺庙中，佛前所供的香花饮食等是每日必换的，套一句俗语，叫"供物每天都是新的"；在小寺庙中，尽管不能做到每日必换，但也是常换常供的。如果在五月初到五台山，当时西瓜尚属稀罕之物，但佛祖面前

供奉的西瓜已是瓤红籽黑，颇为诱人，足见佛教弟子的虔诚。值得指出的是，真正的佛教徒并不把供佛看作形式，他们是将佛与菩萨的塑像"观想"为真正的佛而虔诚供养的。

 ## 拜忏

拜忏，又称礼忏，就是礼拜佛与菩萨，忏悔自己的一切罪孽。佛教认为，凡夫俗子的言语行动，严格地来说，几乎是经常在犯罪造孽，不仅如此，他们还有从前生带来的罪孽；这些罪孽若不消除，就不能超生，更不能超越轮回，因此，人们必须在佛与菩萨面前忏悔，以改过自新。

忏就是对人不起，悔则是对己认错。忏悔，通俗地讲就是把自己的心放在佛法的水中去洗。寺庙中的僧尼当然也免不了犯错误，所以他们不仅自己要做礼忏，而且还要代凡夫俗子做礼忏，这是他们日常生活中的又一重要活动。

佛教礼忏的方法有很多，近世通行的有梁皇忏、三昧水忏、大悲忏、药师忏、净土忏、地藏忏等。其中，梁皇忏是南朝梁武帝所创，是中国流传最久的忏法。

修禅

修禅，即修习禅定，其主要方法是坐禅。所谓坐禅，就是通过静坐（即结跏趺坐）的方式，调整呼吸，澄心静虑，心注一境从而进行思维修习和参究禅理的过程。相传达摩老祖就曾在少林寺后的达摩洞中"面壁而坐"长达九年，所以这种坐禅法也叫"壁观"。达摩之后，坐禅方法始流行各地。

坐禅是我国佛教各宗派所共同采用的一种修禅方法。除此之外，禅宗更有"语录禅""机锋禅""棒喝禅""口头禅"等多种参禅方法，它们殊途同归，都是为佛教徒明心见性、修真悟道服务的。有禅堂，修禅的僧众旦暮起居都在禅堂之中，就连睡觉也只是打禅坐而已。《水浒传》第四回写鲁智深初

到五台山，不知坐禅，"扑倒头便睡"；有两个禅和子（参禅者）推醒他说："使不得，既要出家，如何不学坐禅？"可见以坐禅来代替睡觉的风尚由来已久。俗话云："久坐必有禅。"这充分说明了僧众对坐禅的重视。修禅占据了僧尼日常生活的大部分时间。

 ## 打七

每年进入冬季，天寒地冻，没有其他杂务，于是佛教寺庙就举行类似现代运动员冬季集训的佛教活动，以期僧众更加努力用功，"克期取证"。由于这种活动以七日为期，故名"打七"。打七的时间通常是从 10 月 15 日到 12 月 8 日，共七七四十九天。禅宗的打七也称"打禅七"或"禅七"，在禅七期间僧众们都要加倍努力，他们每天大多要连续坐禅 20 个小时左右，而睡眠休息时间则不过三四个小时。净土宗的打七又称"打念佛七"、"打净七"或"佛七"。主要是念佛活动，只念阿弥陀佛，伴以敲木鱼、击磬。"佛七"也可随时举行，时间同样是七七四十九天，打七也是僧尼日常生活中的主要活动之一。

焰口施食

"焰口"，是指鬼道中的饿鬼。传说饿鬼食量极大，喉管却极细，而且由于所做恶业的关系，食物入口即变成臭秽的浓血，故它们常受饥火焚烧，烈焰从口而出，被称作"焰口"。

焰口施食，又称放焰口，即依法诵持佛陀为饿鬼所创的真言神咒，使前来的饿鬼们借佛法的神通饱餐一顿，然后再为它们宣讲佛法，使它们皈依三宝而永脱鬼道的苦恼。焰口施食在以前的丧葬活动中是必不可少的仪式，在今天的部分地区，它仍是丧葬活动的重要组成部分。而僧尼们除了在俗人的丧葬活动中举行有关仪式外，也常在寺庙内举行焰口施食的活动；尤其是对佛教密宗僧尼而言，焰口施食更是每日必行的仪式。所以，焰口施食也可以说是僧尼日常生活的重要内容之一。

水陆法会

　　水陆法会，全称为"法界圣凡水陆普度大斋胜会"，也称水陆道场、水陆会等。这是佛教寺庙举行的一种非常隆重的大规模佛事活动。举行法会的时间少则10天，多则49天。参加法会的僧众则可达数十人乃至上百人。届时诵经设斋、礼佛拜忏、追悼亡灵，以期超度水陆一切亡灵，普济六道四生（佛教所谓的四种出生形式，即胎生、卵生、湿生、化生，是佛教对生命体的一种划分）。据史载，宋朝文学家苏东坡就曾为其亡妻王氏设水陆道场。水陆法会虽不是僧众经常举行的佛事活动，但却是最重要的佛事活动之一。

盛大的水陆法会

 僧尼与武术

　　武打影视片的流行，使人们常常将出家的僧尼与武林高手联系在一起，其实并不尽然。武术本来起源于佛教徒的健身运动，它是为了调节坐禅所带来的疲劳和萎靡，总结吐纳运气的方法并参照动物的游戏争斗等动作而编出的一系列肢体活动方法，后来才渐渐形成了所谓的武术。武术与坐禅是相辅相成的，是为了达到同一目的而采用的两种手段，所以，武术一旦形成以后，就理所当然地成为僧尼日常生活的重要组成部分。

知识链接

寺庙中自耕自食的劳作

　　自唐代少林寺的高僧百丈禅师创制丛林，僧众就多以自耕自食（后来曾靠寺奴劳动）为主，而以募化所得为辅。因此，劳作也是僧尼日常生活的重要内容。相传百丈禅师晚年还劳作不休，其弟子过意不去，就偷偷把他的农作工具藏起来。他找不到工具，一天没有出去干活，就一天不吃饭，故禅门传诵百丈高风，有"一日不作，一日不食"之说。至今，少林寺还留有28亩土地，其他寺庙也或多或少都有一些自耕地，可见劳作仍是僧尼的一项必不可少的活动。

第二章

寺庙的分类及其艺术价值

　　剖析寺庙文化，揭开寺庙各种文化现象，对深刻认识佛教文化的内涵是大有裨益的，所以这种特殊的文化已被众多有识之士所关注。那浓郁的古朴气息，那独特的文化属性，那具有非凡意义的思想，那蕴藏着奥妙千端的禅机，所有这一切，都会触动人们每一根神经。本章将带您走进这座神秘的艺术殿堂，解读您想获知的佛理。

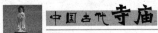

第一节
寺庙的类型与特点

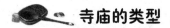 寺庙的类型

我国佛教寺庙建筑的发展过程，就是印度佛教不断中国化的过程。换一句话说，这就是外来文化和中国文化不断结合的过程。可见，印度佛教的传入并不是简单的一成不变的照搬、移植，而是与中国传统文化的融合，逐步中国化的结果。

但是，由于我国地域广阔，民族众多，各地的自然环境、历史背景、宗教信仰和民情风俗不同，佛教寺庙建筑的类型也不尽相同。

一般地说，印度佛教传入我国的路线有三条：第一条，从印度经中亚，再通过陆上通道"丝绸之路"传入我国；第二条，从印度、尼泊尔传入我国的西藏和其他地方；第三条，从印度通过斯里兰卡、泰国、缅甸传入我国。

通过第一条途径传入我国的佛教，主要流行于汉族聚居区，人称北传佛教，亦称汉地佛教或汉传佛教。

公元7世纪中叶，唐代文成公主嫁往西藏，与吐蕃王朝赞普松赞干布结婚，文成公主带去了汉传佛教。同时，松赞干布又与尼泊尔的尺尊公主结婚，尺尊公主带去了印度佛教。100年后，吐蕃赞普赤松德赞又从印度请来了高僧莲花生，莲花生又带去了印度佛教中的密教。汉传佛教、印度佛教与西藏本地原有的宗教苯教相结合，这便产生了藏传佛教。藏传佛教也称喇嘛教，藏语系佛教，主要流行于藏族、蒙古族等聚居区。

通过第三条途径传入我国的佛教，人称南传上座部佛教，亦称小乘教，巴利语系佛教，主要流行于云南省西双版纳傣族自治州、德宏傣族景颇族自治州和保山、临沧等地。信奉者多为傣族、布朗族、德昂族和部分佤族同胞。传入的时间，大约在公元 7 世纪。

与此相对应，我国的佛教寺庙也可以分为三大类型：第一类为汉传佛教寺庙，这类庙宇数量最多、分布最广。第二类为藏传佛教寺庙，主要分布在西藏自治区和内蒙古自治区以及青海、甘肃、四川、云南等省境内。第三类为南传上座部佛教寺庙，主要分布在云南省西南部。

佛教寺庙的特点

佛教寺庙，既是供奉佛像、存放佛经、举行宗教活动的场所，同时也是僧人们居住、生活的地方。然而，由于它们深受各地传统建筑和地形、气候等因素的影响，在单体建筑和总体布局上，又各自具有其明显的特征。

雄伟的汉传佛教寺庙

由于深受传统宫殿、王府、坛庙、住宅等传统建筑模式的影响，汉传佛教寺庙一般都由多组庭院式建筑组成，中轴线分明，左右对称分列。寺庙的等级不同、大小不同，寺中庭院的数目也不相同，规模小、等级低的寺院，一般只有一两个庭院；规模大、等级高的一般有四五个以上的庭院。唐代的扶风法门寺，属于皇宫之外的内道场，是一座规模宏大的皇家寺院，其庭院数目多达 24 个。北京的潭柘寺，历来都是一座重要的全国名刹，因此，它的轴线有左、中、右三条。其庭院也依次布列在三条轴线上。

在汉传佛教寺庙中，单体建筑的种类非常丰富。殿、堂、楼、阁、廊、庑、亭、台等，凡是我国古代建筑中的常见类型，在汉传佛教寺庙建筑中基本上全有。在这些建筑物中，往往梁架交错，斗拱支撑，木榫铆接，人字形两面坡，屋面上铺着青瓦、琉璃瓦或者镏金铜瓦，屋脊上还安置了各类装饰品。这些都是我国古代建筑常常采用的传统模式。

当然，由于地形条件有所不同，汉传佛教寺庙的建筑布局也并非完全一样。总的来说，修建在平地上的寺庙主要是长方形，主殿排列于中轴线上，配殿位居两侧，总体布局严谨、整齐。而那些修建在山麓或山上的寺庙，大多依据山势布局，殿堂层层递高；主殿位置突出，配殿环列前后或左右。这种寺庙的布局既突出了主体，又富于变化。有的寺庙竟然会修建在悬崖绝壁上，如山西浑源的悬空寺，远看犹如空中楼阁。还有的寺庙，跨谷建桥为基，其上筑佛殿，如河北井陉福庆寺的桥楼殿，远看犹如空中彩虹。这些都是我国汉传佛教寺庙建筑中的特殊类型，也是我国古代建筑的精品和杰作。

藏传佛教寺庙，一般都称其为喇嘛庙。这类佛教寺庙又可以分为三种。第一种是汉式建筑的喇嘛庙，如北京的雍和宫、青海乐都的瞿昙寺等，它们的总体布局与汉传佛教寺庙大致相同。第二种是汉藏建筑结合式，如河北承德普宁寺、普乐寺等，寺的前部为典型的汉族建筑形式，寺的后部为典型的藏族建筑形式。第三种是藏式建筑，如拉萨布达拉宫、日喀则扎什伦布寺等。但这类寺庙也并非纯藏式建筑，其中也融入了数量不等的汉族建筑形式。由于前两种喇嘛庙在我国的数量不多，在这里我们不做详细介绍，下面主要介绍一下第三种类型。

藏式建筑的喇嘛庙，一般都依山而建。寺内有大殿、扎仓、康村、拉让、辩经坛、转经道（廊）等建筑，殿堂高低错落，布局灵活。主要建筑大殿、扎仓等，位置突出；其他殿宇，环列四周，远远望去，给人一种以屋包山的感觉。寺庙周围环以高大的围墙，状似一座城堡。

藏式喇嘛庙中的殿堂，一般都为碉房式建筑：木柱支撑，重檐平顶，墙壁厚实高大，剖面呈梯形；外开窗户或设盲窗，横向有装饰。大殿中的立柱从地面直贯到顶。殿内为空筒形，适宜安置较为高大的佛像。殿内四周回廊重重，有楼梯可通。殿顶为天井式，可以采光。这是藏式佛殿建筑的重要特征。

扎仓就是经学院，是喇嘛们研修佛经和学习其他知识的场所。喇嘛庙的等级、规模不同，扎仓的数目差别很大，有的只有一两个，有的却多达五六个。位列喇嘛教黄教六大寺院之一的甘肃夏河拉卜伦寺，就有扎仓6个。其中，学修显宗的扎仓1个，学修密宗的扎仓2个，学修天文、医药和法事的扎仓各1个。

南传上座部佛教（小乘教）寺庙深受汉族建筑以及泰国、缅甸建筑与傣族民居建筑的影响，有宫殿式、干阑式和宫殿干阑结合式三种。因为小乘教只认释迦牟尼为佛，该类寺庙建筑便以佛塔和释迦牟尼佛像为中心，因此，大殿或塔便成为寺庙的中心，僧舍等环列四周。小乘教地区的寺庙数量众多，几乎村村有寺，寨寨有塔。寺庙的殿堂内外装饰华丽，色彩鲜艳夺目。在蓝天、白云和绿树的掩映下，造型灵巧美观的南传上座部佛教寺庙，给人以超凡脱俗之感。

上述三类佛教寺庙，它们不仅各具特色，还都是宗教建筑、院校建筑和生活建筑的结合体，而且结合得如此完好，如此巧妙，这在我国古代建筑的众多类型中，是独树一帜的。

知识链接

藏传佛教的六字真言

六字真言，又称六字真经或六字大明咒，是藏传佛教诵咒"嗡嘛呢叭咪吽"六个字的简称。据说这是佛教秘密莲花部之根本真言。

据藏传佛教经典记载，六字真言中，"嗡"表示"佛部心"，是说念此字时，自己的身体要应于佛身，口要应于佛口，意要应于佛意，只有身、口、意与佛成一体，才能获得成就；"嘛呢"，梵文意为"如意宝"，表示"宝部心"，据说此宝出自龙王脑中，若得此宝珠，入海能无宝不聚，上山能无珍不得，故又名"聚宝"；"叭咪"梵文意为"莲花"，表示"莲花部心"，以此比喻法性如莲花一样纯洁无瑕；"吽"表示"金刚部心"，祈愿成就的意思，意谓必须依赖佛的力量，才能得到"正觉"，成就一切，普度

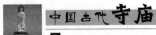

众生，最后达到成佛的愿望。藏传佛教把这六个字看作经典的根源，主张信徒循环往复持诵思维，念念不忘，认为这样才能积功立德，功德圆满，可以得到解脱。

第二节
寺庙的价值

修建佛教寺庙的目的，是为了供佛、礼佛、从事佛事活动，并为僧尼们提供一个居住、学习和生活的场所。就是在今天，《中华人民共和国宪法》第三十六条也明确规定："中华人民共和国公民有宗教信仰自由。任何国家机关、社会团体和个人不得强制公民信仰宗教或者不信仰宗教，不得歧视信仰宗教的公民和不信仰宗教的公民。"因此，中国公民可以信仰佛教。佛教信徒们可以落发出家，在寺庙中修行，也可以保留须发，在家持戒修行。在家持戒修行者，被称为居士，他们也要定期或不定期地前往寺院诵经、礼拜，或在寺院中修行一段时间。可见，今天的佛教寺庙同历史上的佛教寺庙一样，同样是宗教活动的场所和僧尼的居住地。

由于中国佛教寺庙修建历史悠久，数量众多，分布广泛，中国古代建筑中的许多优秀建筑形式都保存在佛教寺庙建筑中，古代壁画、雕塑、碑刻、典籍和其他文物中的许多珍品，也保存在佛教寺庙中，佛教寺庙因而成了中华民族传统文化遗产的重要宝库。1994年，联合国就把藏传佛教的重要建筑、西藏拉萨的布达拉宫列入人类文化遗产名录之中。其价值之大，可以想见。

古代寺庙建筑

从建筑上来说，中国的佛教寺庙可称为中国古代建筑博物馆。

第一，中国佛教寺庙中，拥有唐代以后历代建筑的实物。

众所周知，中国的古代建筑以木构架结构为主。用木构架结构建造的房屋，自成体系，在世界上独树一帜。但是，木材易糟朽，更容易着火燃烧，不能长久保存。中国古代的许多著名

历史悠久的镇国寺万佛殿

建筑，如秦始皇时期的阿房宫、元代皇帝的皇宫等，都是被大火吞掉的。著名的佛教寺庙少林寺、布达拉宫等，也是多次被火烧毁又多次重新建造的。因此，中国的古代建筑原物保存至今的不多，精品更少。

但可喜的是，在中国佛教寺庙中，至今还保存着1000多年前唐代修筑的殿堂。山西省五台县的南禅寺大殿，是唐德宗建中三年（782年）的建筑。大殿的梁下至今还保存着当年墨写的题记，非常宝贵。山西五台佛光寺东大殿，建于唐代大中十一年（857年）；山西平遥的镇国寺万佛殿，建于五代北汉天会七年（963年）。修建时间这么早而又比较完整地保存到现在的古代建筑，实不多见。

中国的佛教寺庙中，还有辽、金时期修建的山西大同的华严寺、善化寺，天津蓟县的独乐寺，宋代修建的浙江宁波保国寺大雄宝殿、河北正定县的隆兴寺摩尼殿等，都是中国古代建筑中现今尚存的、不可多得的佳品。至于明、清时期修建的、保存仍较完整的佛教寺庙，那就更多了。这些自唐至清的各代建筑实物，为我们研究中国历代建筑用料、结构、建造手法和特点，提供了非常宝贵的材料。

第二，中国佛教寺庙中，保存着中国古代建筑的许多优秀作品。

天津蓟县独乐寺的观音阁，高达33米，可谓古建筑中的"巨人"了。千余年来，虽经多次强烈地震，周围民房也多次被夷为平地，但它至今仍巍然屹立。山西大同华严寺的薄迦教藏殿，不但修有众多存放经书的壁橱，构制特殊，而殿中还悬有楼阁，以天梯与墙壁相通。望之令人惊叹。浙江宁波保国寺大雄宝殿，大柱断面呈花瓣形，人称瓜棱柱。这种瓜棱柱，是由中间的一根大柱和周围的12根小柱拼接而成的，不但能承载重荷，外形也很美观。更令人叫绝的是，由于这座大殿选用了黄桧木建造，蚊蝇不进，鼠雀不宿，白蚁不蛀。千余年来，在潮湿多雨的江南不糟不朽，可谓奇观。云南昆明曹溪寺的大殿檐下，开有一个圆洞，月光和日光可以通过圆洞射入殿内，依次从佛像的头部照到胸部。其构思之精，建筑之巧，实不多见。至于屋顶似金刚宝座的河北承德普宁寺大乘阁，平面整体呈十字形的河北正定隆兴寺摩尼殿，被称为塔中寺的西藏江孜白居寺，以跨谷筑桥为基修建的河北井陉福庆寺的桥楼殿，沿峭壁建筑的山西浑源悬空寺等，也都是中国佛教寺庙建筑中的上乘之作，自然也是中国古建筑中的杰出作品。这些精品和佳作，如群星散落于中华大地，如珍珠、宝石镶嵌于众多中国佛教寺庙之中，辉煌灿烂。

第三，中国佛教寺庙中，还有中国古建筑中的一种特殊类型的建筑。这种建筑就是塔。

塔原本是佛祖释迦牟尼圆寂后，保存和供奉舍利的建筑物，是佛教徒们崇拜的对象。它随着佛教传入中国后，也建造于中国佛教寺庙中。塔曾经是寺庙建筑的主体，位居寺的中心。从唐朝开始，塔在寺庙中的位置虽然降低了，但它仍然是佛教寺庙建筑的重要组成部分，直到今天仍然是这样。因此，塔的建筑不但没有终止，而且修得更精、更美，种类也更多了。

中国的佛塔，分布广，种类多，形态美。从南到北，从东到西，随处都可以看到佛塔的踪影。这些佛塔，从形态上说，有楼阁式塔、亭阁式塔、密檐式塔、花塔、覆钵式塔（即喇嘛塔）、金刚宝座塔、宝箧印经塔，也有过街塔和其他异形塔，如楼阁式、密檐式、覆钵式相组合的复合式塔，塔身如笔似球的文笔塔、球形塔，等等。从建筑材料上说，中国的佛塔又可以分为土塔、石塔、砖塔、木塔、砖石混筑塔、砖木混筑塔、陶塔、琉璃塔、珐琅塔、铜塔、铁塔、金塔、银塔、珍珠塔、象牙塔，等等。但无论是何种材料构筑的何种形式的塔，或稳重大方，或挺拔秀丽，造型都很优美。或置室内，或置室外，既是佛教界的圣物，又是极好的装饰和点缀，美化了殿堂和风景。

此外，在中国的佛教寺庙中，还有一种梁柱皆无的无梁殿、全部构件均是用铜铸成的铜殿。这些，都是中国古建筑物中的稀有品种。其中，建筑于明代的江苏南京灵谷寺内的无量殿（无梁殿），高22米，宽53米，深37米，是全国最古、最大的无梁殿。山西省五台山台怀镇的显通寺铜殿，高8.3米，宽4.7米，深4.5米，是全国最大的铜殿。

寺庙雕塑

中国的每一座佛教寺庙，都拥有数量不等、大小不同的各种佛像。这些佛像，从公元1世纪中国修建第一座佛教寺庙白马寺时开始塑造，直到今天也没有停止。虽然，白马寺时代塑制的佛像，因为年代太久，现已难寻，但中国佛教寺庙中仍保存着以后各代制作的为数不少的佛像，不失为中国古代雕塑的宝库。主要表现在：

巨型佛像雕塑

1. 数量众多

各个佛教寺庙中的各类佛像，少者几尊、十几尊、几十尊，多者成百尊、上千尊。北京碧云寺、湖北武汉归元寺、江苏苏州戒幢寺、四川新都宝光寺、云南昆明筇竹寺，除了各种的佛、菩萨、天王、力士像外，都拥有五百罗汉像。山西平遥双林寺，拥有宋、元、明、清时代的各种塑像2052尊，被誉为中国古代雕塑博物馆。因此，全国的佛教寺庙中究竟有多少佛像，实在难以计数。

 2. 品种齐全

中国的佛像，有木雕的、石雕的、玉雕的、泥塑的、夹纻脱沙的，还有铜铸的、铁铸的、铜铸镏金的，等等。雕塑中的各个门类，在佛像中几乎应有尽有。

在藏传佛教寺庙中，还有中国雕塑中的一个特殊品种——油塑。油塑，人们也称为酥油花。艺人们在低温条件下，用揉进各种颜料的酥油，捏塑出各种人物及楼台亭阁、花草虫鱼，然后组成一组一组的庞大雕塑群，如《文成公主进藏图》、《释迦牟尼故事图》等。这些雕塑群，不但色泽鲜艳，而且形态逼真，场面宏大。因此，这种酥油花雕塑艺术，不但在佛教艺术中独树一帜，而且也是中国雕塑中的一朵奇葩。

 3. 形体巨大

佛和菩萨，是人们崇拜的对象。因此也是各个寺庙供奉的主像。这些佛、菩萨像，有的塑制得特别高大，在全国各类雕塑中少有。四川乐山凌云寺的弥勒佛像，高71米，是全国最大的石雕佛像。上海静安寺的玉佛，高3.6米，是全国最大的玉雕佛像。河北承德普宁寺的观音菩萨像，高22.28米，是全国最大的木雕佛像。天津蓟县独乐寺的观音像，高16米，是全国最大的泥塑佛像。甘肃张掖大佛寺内的卧佛像，长达34.5米，是全国最大的木胎泥塑金装彩绘卧佛像。北京卧佛寺的卧佛像，长5米，是全国最大的铜铸卧佛像。西藏日喀则扎什伦布寺中的强巴佛像（即弥勒佛像），高27.4米，是全国最大的铜铸佛像……至于那些比真人还大或者与真人等大的佛像，那就更多了。这样的佛、菩萨像，体量虽然甚大，但身体各部的比例却极为适度，雕塑精细，是中国古代雕塑中的佳作。

 4. 创作手法多样

一般来说，佛和菩萨体态庄严慈善；天王、力士威武雄壮。然而，古代的艺术家们在塑造这些形象的时候，也不时采用写实和夸张的手法，把自己的思想和感情糅了进去，表达了自己的理想和追求，体现了他们高超的艺术才华。

山西大同华严寺内，有一尊合掌露齿菩萨，朱唇微启，含羞带笑，俨然似一位热恋中的少女。据说，这尊辽代遗留下来的艺术品，是雕塑家仿照他未婚妻的模样捏塑的。

山西平遥双林寺中的泥塑菩萨像，有的沉思，有的皱眉，有的微笑。人物的心理状态，跃然于眉宇之间。虽为泥塑菩萨，视之却十分亲切。其中一尊自在观音像，肌肤细腻，体态轻盈，宛如一位妙龄少女，楚楚动人。

四川新都宝光寺和云南昆明筇竹寺内的五百罗汉像，有高有矮，有胖有瘦，有站有跪，有坐有立，有的静坐参禅，有的谈笑风生，有的醉意蒙眬，有的低头沉思，有的似哑巴在比画，有的如小贩在叫卖……人间百态，可说应有尽有。这两座寺庙内的罗汉群像，都是清代艺术家黎广修和他的弟子们先后捏塑的。据说，黎广修等人常去街市，细察各类人物的音容笑貌，熟记于心，然后融汇于创作之中，难怪他们的作品这么生动。

然而，艺术家们在用写实的手法创作佛像的同时，也没有忘记在必要的时候使用夸张的手法。揽月罗汉将长长的手臂伸向天空，跨海罗汉将粗大的双腿横陈于碧海之上……这臂、这腿和人体的其他部位相比，简直不成比例。但是，这两尊罗汉塑像，却仍显得那么可亲、可敬。因为，正是这种夸张的手法塑造出来的艺术形象，表现了人们征服自然、战胜自然的勇气和决心。

 5. 历代精品汇集

前面所列的各类佛像，应当说都是中国古代雕塑中的精品。但那仅是凤毛麟角。山西五台南禅寺、佛光寺内的唐代雕塑，天津蓟县独乐寺以及山西大同华严寺、善化寺内的辽、金雕塑，河北正定隆兴寺、山东长清灵岩寺、江苏苏州紫金庵内的宋代雕塑，在全国都是少见的，早就被艺术家们视为"国宝"。至于湖北当阳玉泉寺铁塔上的铸像，北京雍和宫内用紫檀木雕刻，用金、银、铜、铁、锡铸成罗汉而组成的五百罗汉山，山西洪洞广胜寺飞虹塔上的各种造像等，都被人们视为中国古代雕塑作品中的上乘之作。像这样的作品，在中国的佛教寺庙中确实太多了，真是不胜枚举。

 寺庙中的壁画

寺庙中，保留着许多古代遗留下来的绘画作品。这些作品，既有绘于布上，四周镶上绸缎，可以挂于墙上，也可卷轴挂于殿中的唐卡，又有直接绘于墙上，或绘于经过加工了的木板、镶着木框的布面上，然后再钉在墙上的壁画。两相比较，以壁画为最多，价值也最大。

据调查，我国的许多佛教寺庙中都绘有壁画。北京的雍和宫、广济寺、法海寺，天津蓟县的独乐寺，河北石家庄的毗卢寺、正定的隆兴寺，山西大同的华严寺、朔州的崇福寺、繁峙的岩山寺、洪洞的广胜寺，河南登封的少林寺，青海乐都瞿昙寺，西藏拉萨的布达拉宫、日喀则的扎什伦布寺、江孜的白居寺、萨迦县的萨迦寺、扎囊县的桑鸢寺等，都拥有数量不等的壁画。青海的塔尔寺、拉萨的布达拉宫的墙壁和梁柱上，几乎都绘满了壁画，满壁生辉，绚丽灿烂。因此，有人把这些寺庙称为"艺术的殿堂"。

从今天尚可确证的创作时间来看，中国佛教寺庙中的壁画，从时近千年的金代到一二百年前的清代，都有作品流传下来。所以，中国佛教寺庙中的壁画，堪称中国古代绘画的"千年画廊"。

从内容上看，中国佛教寺庙中的壁画，多以佛本生故事、佛经故事为主，神话故事、历史人物故事次之。当然，壁画之中也少不了当时的世俗生活场面。

山西繁峙岩山寺的壁画，是金代御前承应画匠王逵等人用了16年的时间绘制成的。壁画描绘了释迦牟尼从降生到成佛的故事，同时又描绘了当时的世俗生活。《水磨图》，流水冲动着水磨，面粉从磨缝中源源不断地流出，操作者聚精会神地注视着面粉，生动传神。《罗刹女救助海难》，描绘了在一艘遭到狂风恶浪袭击、桅杆已经折断的商船上，船长和舵手镇定沉着，水手们战天斗地、奋力拼搏的激烈场面，真实感人。

天津蓟县独乐寺内的壁画，以罗汉为主，形象高大。图中的世俗人物，头戴元代流行的斗笠帽。所以这里的壁画，当为元代的作品。

河北石家庄毗卢寺中的壁画，人物众多，达五百余位。雍容华贵的帝王，

妩媚多姿的妃嫔，威风凛凛的天神，直到叫卖的货郎、耍蛇的艺人、饱经风霜的泥瓦匠……人间众生相，几乎都跃然壁上。这些作品究竟创作于何时，现在还无定论。但有人认为，毗卢寺的壁画，很可能是明代的作品。

河北正定隆兴寺、北京法海寺的壁画，绘制于明代。北京雍和宫、山西大同华严寺、河南登封少林寺的壁画，绘制于清代。其中，少林寺白衣殿中的《观武图》、锤谱殿中的各式习武图，是表现少林武术的形象资料，十分可贵。

中国佛教寺庙中的壁画，多采用中国古代传统的铁线描绘重彩法，绘人写景，传神逼真。除山西岩山寺的壁画是漆绘的以外，其余的壁画，均施用朱砂、石蓝等矿物颜料，色泽鲜明，经久不败。在青海，人们把壁画同酥油花、堆绣一起，列为塔尔寺的"艺术三绝"。在北京，专家们通过论证，认定法海寺的壁画填补了敦煌莫高窟壁画，从南北朝后期至清代的都有，独缺明代这一段的空白。因此，人们把壁画列为中国佛教寺庙的一宝，不无道理。

佛教圣物

佛指真身舍利。陕西省扶风县法门寺，有全国最大的塔下地宫。地宫中珍藏着释迦牟尼佛的一段真身指骨舍利。古书记载，舍利"长一寸二分，上齐下折，高下不等，三面俱平，一分稍高，中有隐迹，色白如玉少青，细密而泽，髓穴方大，上下俱通，二角有文（纹），文并不彻。"（《大唐咸通启送歧阳真身志文》）今日尚存的佛指真身舍利，与上述记载相符。

与佛指真身舍利并存的，还有三段佛指供奉舍利，即影骨，以及许多供器、法器、宝函等。其中，双轮十二环纯金锡杖，为全国少见。

佛牙舍利。佛经记载，佛祖释迦牟尼圆寂后，有四颗牙齿流传于世，其中一颗传入了中国。公元11世纪时，这颗佛牙舍利被珍藏在北京西郊的招仙塔塔基内。19世纪末，招仙塔被毁。以后，人们在清理塔基时发现了珍藏佛牙的宝函和函中的佛牙。1959年，中国佛教协会在原招仙塔旁，即北京西山八大处第二处灵光寺的北院内，重新建造了一座8面13层、高50余米的密檐式砖塔，在塔室中继续供奉这件佛教圣物——佛牙舍利。

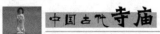
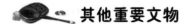 其他重要文物

 1.《赵城金藏》

这是一部刻印于金代的木版大藏经。因这部大藏经过去一直珍藏在广胜寺上寺的飞虹塔内，这块地方过去一直归赵城管辖，所以叫作《赵城金藏》。《赵城金藏》是中国第一部汉文木版大藏经北宋《开宝藏》的复印本，但《开宝藏》早已失传，《赵城金藏》又是《开宝藏》诸多复印本中的孤本，故而弥足珍贵。现在，中国已以《赵城金藏》为底本，出版了《中华大藏经》。

 2. 石经

在北京西郊的云居寺中，收藏有从隋代至明朝刻写的石经板 14278 块，石经板上刻有佛经 1122 部、3452 卷。这无疑是中国佛教文物中的珍宝，堪称世界之最。

 3. 龙藏寺碑

碑高 2.1 米，宽 0.9 米，矗立于河北省正定县隆兴寺内。此碑刻制于隋朝。碑的正面有文字 1500 个左右，是当时的恒州刺史劝说人们建造龙藏寺的记载。此碑的可贵之处不在碑文的内容，而在碑文的字体庄重、刚健、宽博的风韵。1000 多年来，一直为后人所推崇。从中国书法的发展史看，隋朝正处在从汉隶到唐楷的过渡时期。龙藏寺碑，恰好就是这一时期留下的书法杰作，被书法家们称为"楷书之祖"。

此外，河南登封少林寺内唐太宗李世民亲笔签名的石碑，山西五台山台怀镇龙泉寺的石牌楼，北京雍和宫内清朝乾隆皇帝出生三天时洗澡用过的鱼龙变化盆，福建泉州开元寺的石塔、福州涌泉寺的陶塔，广东广州光孝寺的铁塔、西藏拉萨布达拉宫的达赖喇嘛灵塔、日喀则扎什伦布寺的班禅大师灵塔，青海湟中塔尔寺的宗喀巴灵塔，黑龙江省宁安县兴隆寺内的渤海国石灯塔，云南昆明地藏寺内的大理国石经幢等，都是中国佛教寺庙中的珍贵文物，价值连城。

第三节
寺庙中的艺术

造像艺术

佛教兴起初期并无造像艺术，只是将佛陀使用过的衣、钵等物及象征佛陀的脚印、法轮等图案，作为膜拜对象。直到公元前3世纪，马其顿王国入侵印度西北部，给当地带来了希腊的民族文化和雕塑艺术。在它的影响之下，公元前2世纪印度犍陀罗地区（现巴基斯坦西部）出现了佛教造像艺术，后世称之为"犍陀罗艺术"。

佛教传入中国后，不久就有了佛教造像艺术。佛寺院殿堂内供奉用不同材料、不同制作方法制作的佛菩萨造像，细分有金牒像、铸像、雕像、塑像、夹苎像、绣像、织成像、瓷像、泥陶像，等等。

佛教造像通常称雕塑像，它与佛经典、佛礼仪组成为一整套的佛教膜拜体系。佛教造像主要有以下五类：一是佛像，二是菩萨像，三是罗汉像，四是天龙八部护法像，五是供养人像。

雕塑为雕和塑，可分为泥塑（含陶塑）与铸塑（即金属造像）两类，而雕又可分为木雕与石雕（含玉雕）、摩崖及石窟诸种。

据载，中国最早的佛教雕塑像在汉桓帝宫中就有出现。佛教雕塑艺术在中国的石窟和寺院中得到迅速和巨大的发展。据统计，在我国佛教石窟遗迹多达 100 多处。东汉末年，在天山南麓就有了石窟雕塑。东晋十六国时，石窟雕塑艺术进入玉门关，在甘肃境内就有莫高窟、榆林窟等 20 余处。公元 5 世纪，石窟雕塑艺术进入中原地区，得到更大的发展。

历史上最大的佛像为四川乐山大佛，大佛从头顶至足底为 58.7 米，若加上被毁的莲花座，大佛通高为 70 米左右。佛首高 11.7 米，脸宽 7.8 米，长 3.5 米，眼长 3.3 米，耳长 6.4 米，肩宽 28 米。

举世闻名的四川乐山大佛

大佛头与山齐，脚踏大江，气势宏伟，人称“山是一尊佛，佛是一座山”，是世界上最大的石刻佛像。

中国最大的铜佛像是西藏日喀则扎什伦布寺内供奉的强巴佛像。它是九世班禅曲吉尼玛于 1918 年动用 100 多名工匠、花 2 年时间完成的。佛像的莲花座高 3.8 米，佛身高 22.4 米，佛像总高 26.2 米，佛面长 4.2 米，耳长 2.8 米，肩宽 11.4 米，手长 3.2 米。整个佛像显得华美壮观。

河北承德普宁寺大乘之阁供奉一尊世界最大的木雕像——千手千眼观世音菩萨。这尊雕像通高 22.28 米，腰围 15 米。整个雕像共用木材 120 立方米，重约 110 吨，仅头部就重 5 吨多。真可谓宏大无比、气势磅礴。

绘画艺术

中国佛教绘画早已引起人们的普遍关注。其载体可分为壁画、纸画与帛画三类。内容大体也可分为三类：一类讲述释迦牟尼"前生善行"的本生故事；一类讲述释迦牟尼生平事迹的佛传故事；再一类讲释迦牟尼度化众生事迹的因缘故事。

壁画绘于寺壁、窟壁上，中国佛教最早的绘画据传为蔡愔等人从西域带回的佛像画本，汉明帝曾令画工将"千乘万骑绕塔三匝"绘于白马寺壁。

新疆拜城克致尔千佛洞始凿于东汉末年；现还存有部分精美壁画，题材以佛本生故事为主，被誉为"故事画之冠"。另有大量反映当时生产、生活和民间习俗的壁画。如伎乐图中弹琵琶、抱箜篌、吹横笛、奏筚篥，千姿百态，

精美的帛画

惟妙惟肖。

唐代，佛画的发展达到空前程度，佛寺壁画盛极一时。"画圣"吴道子一生就曾绘过300余面壁画。敦煌莫高窟遗存的大量壁画，以经变故事为主要内容，也有部分世俗生活题材。明清时代寺院壁画已趋式微。

藏传佛教之壁画，藏语称"甲头"，是指绘在土墙或木板上的图画。其设色凝重，造型生动，具有浓厚的藏民族特点和风格。

南传佛教的缅寺中之绘画，在明代由缅甸传入，内容多是贝叶经中的故事，主要分为佛本生经、地狱变相、民间传说与其他经书四个方面。

纸画根据画幅长短又可分为卷轴与条幅两种，卷轴绘画是指长卷，条幅是指单条作品。

早期的寺院卷轴与条幅作品和寺院壁画的内容基本相似。后来由于文人、画家的介入，除绘佛、菩萨、罗汉题材之外，山水、花鸟等题材也进入了寺院。佛门也孕育了一批在中国画坛声誉极高、影响极大的画家，如贯休、巨然、弘仁、石涛、虚谷，等等。

绘于丝织品上的画为帛画。中国在丝织品上绘画的历史可以追溯到春秋、战国时代。中外各大博物馆均藏有这些帛画，在绘画工艺上，这些帛画作品与纸画没有多大差别。

藏传佛教寺院的帛画称为"唐卡"。"唐卡"一词为藏语音译，意为卷轴画。

小乘佛教寺院的帛画称"赕听"。"赕听"一词为傣语音译，意为献给佛主的布画。

书法艺术

书法是文字书写发展到一定阶段的产物，是一种特殊的造型艺术。

佛教兴盛，寺庙蓬勃而起，寺院也就成为书法家展示个人才华的一个广阔场所。历史上许多大书法家如钟繇、王羲之、王献之等为寺庙留下不少真迹，如庙碑、塔铭等。中国书法史上的不少名篇，如：欧阳询书《化度寺故僧邕禅师舍利塔铭》、褚遂良书《雁塔圣教序》、颜真卿撰《多宝塔感应碑》、柳公权书《大达法师玄秘塔碑》等，都是为寺院而作，不仅是中国书法作品的精华，而且拓为法帖，供后人临摹习字。

中国寺院书法可分为匾书与楹书、碑铭与摩刻、卷轴与条幅三类，而每一类中都包含了篆、隶、正、行、草诸种书体。

佛教音乐

佛教音乐简称"佛乐"，最早起于梵呗，是以曲咏经、以歌诵经。佛教传入初期，西域佛教僧侣唱诵佛经的仪式虽已被汉传佛教所认同，但梵呗音乐尚未系统传入，各地僧众大多采用当地民间的曲调唱诵佛经，这可能就是最早的中国佛教音乐，故佛乐在世俗化、通俗化方面取得了相当的进展。但中国佛曲既不是梵呗，也不是唱导，而叫"呗赞"。"呗"意是歌咏佛经，"赞"意是"设赞于管弦"。

中国佛教音乐大体可分为梵呗（含转读）、唱导与佛曲三个子系。梵呗音乐用于佛经课诵和法事、法会场合，体现佛教的庄严性，在雅正原则指导下发展。唱导音乐用于通俗宣传，体现佛教的通俗性，在善诱原则下发展。佛曲用于佛教节庆，体现佛教艺术的丰富性，在"歌咏颂法"的原则下，发展出种种采用俗乐的唱道之曲。

相传，1700多年前，魏代多才多艺的曹植在今山东东阿鱼山创作了我国第一首佛教歌曲（梵呗），用中国的音调来配唱汉译经文。佛教书籍《法苑珠林》载：曹植游鱼山，听到诵经声，感悟而制梵呗。从此中国佛教音乐就逐步走向独立发展的道路。

南北朝时，梁武帝萧衍就是佛教音乐家，创作了十余篇佛乐，自配佛曲演唱，他既是演奏家又是歌唱家。由于他的提倡，佛乐的创作和传播得到了很大的发展。

佛经所载乐器可达几十种，但当今佛寺院在一般性宗教活动中仅用打击乐器，以钟、鼓、大磬、引磬、木鱼为主，配以铃、铛等。另有吹管乐器，如管子、笛、笙、唢呐、箫、螺号等，辅以打击乐器，如钹、镲、云锣等。演奏时，各种乐器既相互照应，又各显其长，从而达到佛教音乐远、虚、淡、静的宗旨。

佛教常见的主要礼仪都伴有音乐，以提高其效果和感召力。如早课、晚课、忏仪、放焰口、佛菩萨节日礼仪、戒坛仪式、水陆道场等均伴有佛乐。

佛教音乐是中国传统音乐的重要组成部分，具有极高的文化价值。

知识链接

寺庙中的舞蹈与跳神

在所有艺术形式中，舞蹈与宗教结合最早、关系最深。在历史长河中，舞蹈一直是一切宗教祭典的主要组成部分。

在佛教石窟中可见到"天宫乐伎""飞天乐伎""化生乐伎"等雕塑形象，可知早期汉传佛教寺院中就有舞蹈存在。敦煌莫高窟唐绘《西方净土变》中就有不少舞蹈场面。

佛教乐舞是佛教礼仪之一，佛界认为乐舞也具有"颂佛""娱佛""供佛"之作用。

明清以来，除了寺院节庆活动偶尔可见到一些舞蹈表演，大多数汉传佛教寺院已经没有专属的舞蹈存在了。

藏传佛教寺院把跳神视为主要的法事活动之一。跳神，藏语称"羌姆"，意为寺院里的舞蹈，是宗教仪式和宗教舞蹈结合的一种艺术形式。藏传佛教"羌姆"的来源，主要是由印度佛教密宗的"金刚舞"和西藏苯教的拟兽面具舞、鼓舞等组成，具有神秘、生动、粗犷的艺术特色。

第三章

华北与东北地区著名寺庙

从唐朝开始,我国的佛教寺庙建筑有了很大的变化,已逐步发展成为以佛殿为中心的纵轴式排列、左右对称的建筑群。开始,寺中的佛塔和佛殿并列。继之,佛塔安置在佛殿之后。最后,将佛塔安置在寺外,或者另建塔院。这样,佛殿就逐步成为了佛寺的中心,并逐步发展成为伽蓝七堂的形式:佛殿、法堂、山门等,布列在中轴线上;僧房、库橱、西净、浴室等念经、生活场所,布列两旁。但也还有一些佛寺仍然保存了以塔为中心的布局形式,如山西应县佛宫寺等。本章主要介绍我国北方的寺庙建筑。

第一节
北京地区著名寺庙

 潭柘寺

如果要问，北京最古老的庙宇在哪里？可以说，这就是坐落在门头沟区崇山峻岭之中的潭柘寺了。

1981 年，中国佛教协会的赵朴初居士，曾为潭柘寺题联：

地辟幽州先；

气摄太行半。

这副联语，概括了潭柘寺的历史和地势，道出了潭柘寺非同一般的特色。

北京最古老的庙宇：潭柘寺

先说历史。幽州，是唐代北方重镇，也是北京的前身。潭柘寺建于晋代，故而说先于幽州。晋代，潭柘寺名叫嘉福寺。唐代名龙泉寺。金代皇统年间，改名为万寿寺。清代康熙年间，又改称岫云寺。虽然多次改换名称，但因山后有著名古迹"龙潭"，山上有"古柘千章"，形成优美而成片的柘树林，还是以潭柘寺之名叫得最响。几百年来，北京城流传着一句谚语："先有潭柘，后有幽州。"说的也是这个意思。屈指算来，潭柘寺已有 1600 年的历史了，是北京寺庙中的一位寿星。就庙龄来讲，也是北京之最。

再谈地势。潭柘寺在潭柘山麓，是太行余脉。它背依宝珠峰，东西北三面，有回龙、虎踞、捧日、紫翠、莲花、架月、象王、集云、璎珞等九座山峰围护，人称"九龙戏珠"。南面，是一片平野田畴。远方的锦屏山遥遥在望，构成了"九峰立，一山开"的局面。在这奇峰异岭之间，耸立着殿阁亭台，彩砌雕栏，红墙碧瓦，壮丽不凡。加上有著名的"潭柘十景"点缀，形成气象万千的画卷，雄峙千古的胜景。

正因为潭柘寺具有得天独厚的地形，古老而有魅力的历史，历代名僧的驻锡，因而潭柘寺备受不少帝王的"青睐"，和这块"佛地"结下了"不解之缘"。金代，金熙宗和金章宗曾多次驾临潭柘寺巡幸和进香。这儿还是章宗的游猎之地，他曾在后山上打过鸟。后来，这里盖了一座雀儿庵，来纪念这件事情。元世祖忽必烈，更把潭柘寺视为"圣地"，多次修建，还把他的女儿妙严公主送到寺里落发出家。妙严公主原是一员战将，后来成为虔诚的佛教徒，在观音殿里，朝夕对着观音像顶礼膜拜。天长日久，她站立的一块砖，都磨出了两个深深的脚印。这块砖就叫"拜砖"。到了明代，明神宗朱翊钧的母亲孝定太后，将砖镶在花梨木匣中，带回宫去。后来又送回潭柘寺保存。其上有紫柏禅师的像赞，成为寺内的珍贵文物。

妙严公主圆寂后，葬于下塔院中，人称妙严大师。如今，妙严大师塔保存完好。清代的康熙和乾隆皇帝，都曾三次来到潭柘寺留住，并给寺里的多处殿宇庭院赐名、写匾、题诗。康熙皇帝还曾拨库银48万两，重修潭柘寺。现在，寺内清朝帝后的万岁宫、太后宫，都是宏丽的宫殿建筑。

潭柘寺不仅和帝王的关系十分密切，就连帝王的侍从之臣，也把它作为归养之所。寺内有一处姚少师静室，是一座小型寺院。这姚少师就是《明史》上记载的姚广孝。他少年出家，法名道衍。明太祖朱元璋给他的儿子们物色名僧侍佐，他被举荐给燕王朱棣。后来，他劝燕王起兵，夺取政权，并参与了战事的决策事宜，很有功劳。"靖难之役"，燕王赶走了自己的侄儿，当了皇帝，封他为太子少师。但这位少师终身不娶妻，当和尚，晚年就住在潭柘寺，直到84岁死去。临死以前，永乐帝朱棣曾两次到寺内看望他。他死后，朱棣还悲痛地"辍朝"两天，不理政务，表示哀悼，并赐葬于房山县境内。

潭柘寺历经皇家资助和千余年的屡次修建，气势宏大，殿宇巍峨。山门前，有迎客古松，这些古松姿态各异，有的势若游龙，有的好似猛兽。尤以清奇古怪四松最令人叫绝。沿中轴线，自前面的牌楼、山门、天王殿、大雄宝殿、三圣殿，直到最后的毗卢阁，高低错落，宏敞开阔，层层推进，气派非凡。东路是一组庭院式建筑，有方丈院和清代皇帝的行宫万岁宫和太后宫。这里，碧瓦朱栏，修竹亭立，十分清静幽雅。院中有流杯亭，又名"猗玕亭"。亭的石基上雕刻一道正看是蟠龙形反看是虎头的水渠，蜿蜒曲折，引泉水流过。古人每年三月三日，放耳杯（称"羽觞"）漂浮水上，耳杯随水漂流，人们列坐水渠两旁，漂流到谁的面前，就取而饮之。这是沿袭汉魏"曲水流觞"的习俗而来，是"修禊"被除不祥的意思。西路是几次毗连的殿院。有梨树院、戒坛、大悲坛等。最北面的观音堂是妙严公主修行的地方，居高临下，自成格局。

除了寺内这些建筑之外，寺的前方还有安乐堂和塔院。安乐堂是和尚退休养生之所。塔院在寺前的小平原上，有金元以来有名分、有执事的和尚塔48座。塔有六角形的、圆形的，随着时代的不同，造型也各有差异，是研究历代和尚塔形制演变的实物资料。这里气氛肃穆，古木森森，另是一番天地。

作为潭柘寺命名的"龙潭"，在寺院的后山上。方广丈余，清澈见底，泉若沸珠，涓涓不绝。至于古籍上记载的"古柘千章"，则早已不复存在了。只是在寺旁还有数株，作为应景之物，供人观赏。

潭柘寺的花木，除古树奇松以外，还有一种罕见的竹子。这种竹子，有的整株竿节为金黄色，却交替地生长着绿色垂直线条，好像镶上碧玉翠石，十分惹人喜爱，还有个典雅的名字，叫"金镶碧玉"。另一种整株竿节翠绿，在竹节上却交替地生长着黄色线条，好像碧玉镶上缕缕金丝，这叫"碧玉镶金"。人们徜徉在这美妙的竹林之中，时有清风徐来，竹叶飒飒作响，竹竿摇曳生姿。此时，观竹形，听竹声，声情并茂，自有一番雅趣。

潭柘古寺，群山叠翠，峰峦灵秀；殿阁壮丽，肃穆庄严。古寺与奇峰互为依托，这两者的融合，产生了一种雄壮的美、野趣的美。而这种美，又不是城市中寺庙所能具备的。应该说，这又是潭柘寺的一"绝"！

万寿寺

在北京众多的寺庙中，和皇室有关的为数不少。其中，以明清两朝皇太后兴建的庙宇万寿寺，最为有名。

万寿寺坐落在紫竹院附近。沿着长河西行不远，就可以看到一座寺院，山门上镌刻"勅建护国万寿寺"几个大字。跨进山门，中轴线上错落有序地建有六座殿堂。殿后假山玲珑，小桥曲折，环境十分幽雅。

原来，这座万寿古刹是明朝慈圣宣文皇太后于万历五年（1578 年）修建的，至今已有 400 多年的历史了。慈圣宣文皇太后是明神宗朱翊钧的母亲。有一天，老太后突然一阵心血来潮，发下愿心，要修建一座寺庙。她派亲信太监冯保在城西广源闸一带寻觅地址，负责修造。皇宫之中，除了皇帝以外，太后就是最高主宰了。太后要修庙，岂不正是献媚巴结的好机会。于是，监督建庙的冯保，献出白银 5000 两。其他公主和宦官也纷纷拿出体己银子，赞

著名的万寿寺

助修庙。寺庙于万历五年（1577年）动工，第二年建成，赐名万寿寺，无非是祝愿皇太后万寿无疆之意。建成之日，皇太后和皇帝亲自到寺内降香，还在寺内进了御膳。当时这座庙的权势很大。它的东南有一座寺庙叫紫竹院，也就兼并过来，做它的下院。如今紫竹院公园，就是沿用的旧名。

说起万寿寺，还和钟王——华严钟有过一段渊源。华严钟是永乐年间铸造的，最初放置在宫内。万寿寺落成以后，才迁移到这里。命僧人日夜按时撞击，钟声淳厚，余韵悠长。直到乾隆年间，才移放到城北的觉生寺。

万寿寺建成以后，可惜好景不长。至明末清初时，由于连年战火和朝代的更迭，逐渐荒芜败落了。到了清朝乾隆年间，乾隆皇帝弘历为了给母亲裕寿皇太后庆祝六十大寿，在瓮山大兴土木，修建万寿山。有一次，乾隆由万寿山沿长河乘船进城，途经广源闸附近，见绿柳繁花之中掩映着一座古寺，庙虽残破，但规模依旧，山门上"万寿"二字清晰可见。这两个字暗含乾隆祝贺母亲"万寿"之意，心中大喜，就下令重修，作为由紫禁城到万寿山途中的行宫。乾隆还下令在寺旁修了一条苏州街。街上店铺均仿照苏州式样建筑，铺中充盈着苏杭特产，还从苏州雇来店伙。喧闹的市井，动听的吴侬软语，使人如置身于苏州城中。裕寿皇太后生日这天，乘"万寿大轿"由畅春园来到这里，欣赏街景，在万寿寺休息。然后改乘暖冰床沿长河返回宫中。乾隆皇帝还亲自撰写碑文，记载了这件事情。但到了咸丰十年（1890年），万寿寺被英法联军焚毁。一座壮丽的寺院，成为断壁残垣。

慈禧掌权以后，骄横奢侈，经常往返颐和园和紫禁城之间。途中缺少歇脚之处，深感不便。便于光绪二十年（1895年）重修万寿寺。这次重修，还扩建了千佛，阁内有雕刻精美的小佛数千尊。长河沿岸，遍种垂柳桃花。每当春光明媚之时，碧波连连，绵延一万多米的堤岸，犹如两条翠龙翻卷于红色云霞之间。农历四月上旬，慈禧乘轿到什刹海，然后坐船沿长河到颐和园。船到紫竹院，正好一半路程，便下船到万寿寺休息，在寺中的"无量寿经坛"拈香礼佛。寺庙最后一殿叫照楼，因慈禧常在此梳洗，也叫梳妆楼了。

400多年来，万寿寺历经沧桑，几度兴废，都和皇太后有关，可以说是一座太后之庙。进入民国，到了北洋军阀统治时期，万寿寺成了驻扎军队和关押囚犯的所在。由于管理不善，又被不法之徒纵火焚毁。古寺不幸，又遭厄运。只留下当年慈禧登船的码头等遗迹，供人凭吊了。

近年来，人民政府对万寿寺进行了第四次翻修。并在此成立了北京艺术博物馆。如今，万寿寺不但逐渐恢复了往日的风采，还将成为一座陈列丰富的艺术之宫。

 **法源寺**

"清晨入古寺，初日照高林。曲径通幽处，禅房花木深。山光悦鸟性，潭影空人心。万籁此俱寂，但余钟磬音。"这是唐代诗人常建吟咏古寺深幽、花木繁茂的名句。是的，大凡古寺名刹，都具有花木之胜。如北京崇效寺的牡丹，大觉寺的玉兰，都很有名。不过，要论起以丁香著称的寺庙，当首推城南的法源寺了。

法源寺的丁香不但名满京华，而且历史悠久。自清朝中叶以来，每逢丁香盛开之时，香飘寺外，会引来不少文人在此雅集。他们聚集在丁香花下，

名满京华的法源寺

品尝着寺僧准备的素筵，赋诗饮酒，作画填词，兴之所至，常有佳作名篇问世，传诵一时，成为美谈。这就是有名的"丁香大会"。因慕法源寺的清幽雅静，有些文人干脆就住在庙里。譬如书法家何绍基，诗人黄仲则等。在《池北偶谈》、《复初斋集》、《潜研堂集》等诗文集里，都有关于这座庙的记载和唱酬之作。1924年春夏之交，新月派诗人徐志摩还陪同印度诗人泰戈尔畅游法源寺，欣赏丁香花。可见法源寺的丁香已经闻名国外了。

法源寺丁香最盛，其他花木也远非凡品。天王殿前的白皮古松，树龄在千年以上，苍翠斑驳，傲然挺立。前院的文冠果，枝叶浓密，听说是一位归侨所赠，已种了多年。藏经阁前有一棵数百年的古银杏，树冠如盖，遮天蔽日。还有松柏林、翠竹丛、菊花、海棠、龙爪槐等各种花木。在寺中漫步，沉醉于花香树海之中，令人心旷神怡。

古老的花木，展示着古老的历史。要说庙龄，已有1300多岁了。法源寺建于唐贞观十九年（654年），原名悯忠寺，是唐太宗李世民为了悼念出征阵亡的将士而修建的。明正统二年重建，改名崇福寺。清雍正十一年（1733年）改建，因为传戒授法，才赐名法源寺，一直沿用至今。当时悯忠寺的寺址是在唐幽州城的东南隅。而现在的法源寺则在北京城的西南部。所以，它是研究唐代幽州地理位置的实物资料。唐朝初建时，它是一座巍峨巨刹，主体建筑悯忠阁，曾有"悯天高阁，离天一握"的说法，伸手可以触到天际，可见其高大雄伟。后来虽也修了一座"悯忠台"，但规模就小多了。

法源寺也是文物荟萃之庙。各种佛教文物收藏相当丰富，尤以石刻最为著名。1980年，这里成立了"中国佛教图书文物馆"。毗卢殿后的大悲坛辟为"历代佛经版本展室"，陈列有唐人写经，五代人写经，宋版开宝藏，元代普宁藏，明代南藏，传世唯一残本武林藏和清代龙藏等，都是珍贵的版本和善本经书。藏经阁楼下是"历代佛造像展室"，收藏着自东汉到清代各个朝代塑造的佛像。其中有木雕、石雕、青铜、陶瓷和脱沙制品，具有很高的艺术价值。荟萃各个朝代、各种类型的造像于一堂，供人们瞻仰，在北京的寺庙中还是首次，深受国内外佛教徒和来宾的欢迎，给予了很高的评价。

法源寺还是全国佛教学府的所在地，因为"中国佛学院"就设在这里。

雍和宫

　　由北新桥北行不远，就可以看见一座金碧辉煌、气象庄严的庙宇，那就是北京最大和最著名的喇嘛寺庙雍和宫。至今，雍和宫内保存有大量珍贵的佛教文物，以及数以千计造型优美、形象生动的佛像。可以说是一座"文物之宫"。

　　雍和宫的旧址，原是明朝太监的官房。清康熙三十三年（1694年），康熙皇帝为他的第四个儿子胤禛在这里修建了亲王府，名为雍亲王府。它占地面积说是99.7亩，而实际上它早就超过了。因为按照清朝制度的规定，除非帝王的宫殿，不能超过100亩。

　　康熙逝世，雍正当了皇帝，雍和宫即成为"龙潜禁地"。于是，把其中一半改为黄教上院，一半留作皇帝游乐之所。雍正三年（1725年）正式定名为雍和宫。

美轮美奂的雍和宫

雍和宫殿堂的屋顶，原来覆盖绿色琉璃瓦。1735 年雍正死后，因为要在雍和宫停灵，只用了 15 天的时间日夜赶修，把宫内几部分主要殿堂换成了黄琉璃瓦。这样一来，也就升级为皇室殿宇的同一等级了。

乾隆九年（1744 年），改雍和宫为喇嘛寺庙。雍和宫则成为清政府管理喇嘛教事务的中心。其他地方许多重要寺庙的住持喇嘛，都是在雍和宫内按规定的制度选定之后派去的，光绪年间，主管全国教务的喇嘛印务处也设在雍和宫内。庙内喇嘛最多时，达 500 人以上。这样一座规模宏大的喇嘛庙，对清政府的统治曾起过不小的作用。正如乾隆在他所写的《喇嘛说》碑文中写道的："盖以蒙古信佛，最信喇嘛，不可不保护之，以为怀柔之道。"这也正反映了清朝政府的宗教政策。

雍和宫的殿堂壮丽幽深，古人形容它"殿宇崇宏，相设奇丽"。来到这里，总觉得有点神秘感，会自然地想起"血滴子"的故事。什么吕四娘替父报仇，雍正帝丢掉头颅……其实，这不过是野史上记载的传说而已。但雍正的特务机关确实设在这里。康熙有 35 个儿子，继承人的问题没有解决好。为了当皇帝，皇子之间展开了激烈的争夺，钩心斗角，互相残杀。雍正网罗了不少爪牙，这些人武艺高强，训练有素，专门干搜集情报、捕杀异己的勾当，叫"粘杆侍卫"。"粘杆"本是捕捉蝉、鸟，上涂粘胶的长杆。表面上是管渔猎游玩的事务，暗含着给他捕捉政敌，消灭政敌。如把皇八子胤禩拘禁宗人府，改名"阿其那"，把十四子胤禵禁锢皇寿殿，拘禁胤禟于保定，改名塞思黑（满洲话猪的意思），都是粘杆处的人干的。这些人行踪诡秘，手段毒辣，都是秘密活动。所以使雍和宫蒙上了一层神秘色彩。

正因为雍和宫是由雍亲王府改为喇嘛寺庙的，所以在它的建筑格局上，仍然保留了亲王府的形制。清代，亲王府的建筑制度相当具体。概括地说，就是故宫三大殿和太和门的相应缩小。过去，雍和宫除去正路的天王殿、雍和宫、永佑殿、法轮殿、万福阁五大殿外，还有宫东的书院，有平安居、如意室、太和斋，以及海棠院、花园等处。雍和宫的中轴线上布置了七进院落与殿堂，外观绝无雷同。院落从南到北渐次缩小，而殿堂则一殿高于一殿。符合正殿高大而重院深藏、宫门向阳而层层掩护的庙宇建筑要求。尤其是万福阁，宛如仙宫楼阙，那种建筑形式，除在敦煌的唐代壁画中有所表现外，现存极少，可谓难得的佳例。

雍和宫不但是著名的喇嘛寺院，而且还是一座佛学和自然科学的研究机构。在永佑殿的东西两侧，有药师殿和数学殿。药师殿是喇嘛们学习医药学的地方。数学殿陈列有天文仪和地球仪等科学仪器，是喇嘛们学习天文地理的课堂。雍和宫大殿的东侧是密宗殿，是学习密宗经典的课堂，西侧是讲经殿，是学习显宗的课堂。

自从乾隆9年把雍亲王府改成喇嘛庙以来，庙中有很多喇嘛从事经文、医学和天文学的研究。如数学殿中就有50名喇嘛，从小在这里终身研究天文学和编写历书，并预测日食和月食现象。当时，清宫用的历书就是这里编写的。内蒙古、西藏、青海等广大地区的历书，也是当地寺庙中的数学殿编制的。这对边疆和少数民族地区的农业生产和人民生活都起了不小的作用。

上面四座殿堂统称"四学殿"。

雍和宫中外闻名，尤其在东南亚地区有较大影响。它是集宫殿一般的殿宇、精美罕见的佛像、各种佛教文物、深奥的佛学和自然科学、充满魅力的宗教习俗、奇异的故事传说于一体的寺庙。它的内涵，极为丰富多彩、深邃诱人，是北京寺庙中一朵瑰丽的奇葩。

大钟寺

位于北京市北三环路西段北侧。寺内因保存着一口闻名于世的永乐大铜钟而享誉海内外，被辟为古钟博物馆。1996年，国务院将其列为全国重点文物保护单位。

大钟寺始建于清雍正十二年（1734年），以后屡经维修，殿堂等建筑保存完好。

大钟寺占地面积38000多平方米，建筑面积3700多平方米。主要建筑有山门、天王殿、大雄宝殿、观音殿、藏经楼和大钟楼等。此外，寺内还有东西廊房以及钟楼、鼓楼等。

大钟楼位于寺院的后部，高20米，上圆下方，四周均有窗棂，内有旋梯，可以上下。横梁上挂着清朝皇帝乾隆亲笔题写的匾额"华严觉海"。钟楼

大钟寺的钟

内悬挂的那口大铜钟，因镌刻有《华严经》，又称华严钟；因其铸造于明朝永乐年间（1403—1424 年），所以又叫永乐大钟。

大钟高 6.75 米，钟口最大直径 3.3 米，钟唇厚 18.5 厘米，重 46.5 吨。经统计，钟上刻有汉文经典 8 部、汉文咒语 8 项，计有汉文佛教铭文 225939 字，梵文佛教铭文 4245 字，总计 230184 字。这些汉字字迹工整，据说是明代大学士、著名书法家沈度的手笔。

这口永乐大钟据说是由当时的国师姚广孝监督制造的，经用现代技术分析，这口大钟铸造科学，既无砂眼，更无裂纹；钟内含有铜、锡、铅、锌、铁、镁、硅等，且各种元素比例合理；大钟的声强达 120 分贝，低音频率丰富，钟声不但圆润悦耳，而且穿透力很强，声音可传到四五十公里以外，余音可绵延一分钟以上，堪称古钟上乘之作。

1985 年 10 月，大钟寺古钟博物馆正式成立。400 余件古代编钟、乐钟、道钟、佛钟等，一一展现在观众面前。墙上和钟旁的图片与文字，向人们述说着我国古钟的发展历史。

戒台寺

戒台寺位于北京门头沟区马鞍山麓，又名"万寿禅寺"。因为寺内有一座全国驰名的大戒台，所以人们称此寺为"戒台寺"或"戒坛寺"。

戒台寺坐西朝东，建于山麓缓坡上，主要殿堂沿两条东西向轴线建筑而成。南侧靠前是大雄宝殿一组，由低处逐步升高。北侧靠后是戒殿一组，全部建于高台之上。殿堂四周分布着许多庭院，各院内有精美的叠山石，葱郁的古松古柏，加上古塔古碑，山花流泉，显得格外清幽。寺院内有山门殿、钟鼓二楼、天王殿、大雄宝殿、千佛阁（遗址）、观音殿、三仙殿、九仙殿等等，殿宇依山而筑，层层高升，甚为壮观。

闻名海内的戒坛在西北院内正中"戒坛殿"，它与泉州开元寺戒坛、杭州昭庆寺戒坛并称为全国三大戒坛，有"天下第一坛"之称。戒坛高 3.5 米、正方形的三层汉白玉台座。底座边长约 11 米。每层石台外围均雕有数百戒神。原来石龛外还有 24 尊身高 1 米的戒神，环列戒台四周。戒台殿顶中央，有一藻井，几条金雕卧龙盘于其上，最深处有一条龙头向下，象征蛟龙灌浴。戒台最上层中央是释迦牟尼佛像。像前原置雕花沉香木椅 10 把，上首 3 把，为授戒律师座；左边 3 把，右边 4 把，是受戒证人座。称"三师七证大师座"。寺中有"千佛阁"，过去此阁曾是全寺中心建筑，现在只遗台基及柱础，登阁放眼，可望百里。阁为七开间，外观为两层，中间有腰檐及平座暗层，庑殿顶阁高 20 余米。内部两侧各有 5 个大佛龛，每龛内有 28 个小龛，每个小龛内有 3 座形态不同的 10 厘米大小的佛像，总计全部佛像在 1000 个以上，所以称为"千佛阁"。

寺内其他建筑物尚多，如南、北宫院，方丈院以及寺东南角高台上的两处小四合院等，均属王公贵族及僧众居住用房。北宫院又称"牡丹院"，皇六子恭亲王奕䜣曾在此隐居，院分两进，前院有叠石假山，后院广植牡丹，甚为名贵。

戒台寺以"戒坛、奇松、古洞"而著称于世。戒台寺古树极多，以松柏最为有名。寺内古松柏有的为辽、金代所植，松树枝干虬曲离奇，可坐可卧，著名的有"自在松""卧龙松""九龙松"等,最为罕见的是"活动松",人们随意拉动它的哪个松枝,整棵树的枝叶便跟着摇动,好像一阵狂风正在袭来。乾隆皇帝在此曾留下一座"题活动松诗"小石碑。碑上题诗二首:

"老干棱棱挺百尺,缘何枝摇本身随。咄哉谁为挈其领,牵动万丝因一丝。"

"摇动旁枝老干随,山僧持以示人奇。一声空谷千声应,借问神通孰所为。"

1996年,戒台寺被国务院公布为全国重点文物保护单位。

法海寺

位于北京市石景山区模式口村的翠微山麓。寺内拥有保存完好的明代壁画,全国驰名。1988年,国务院将它列为全国重点文物保护单位。

法海寺始建于明正统四年至八年(1439—1443年)。弘治十七年(1504年)至正德九年(1514年)大修。作为一座皇家寺院,当年的法海寺规模宏大,殿堂雄伟,壁画琳琅满目。经

法海寺的大雄宝殿

过500多年的历史沧桑,法海寺的许多重要建筑如伽蓝殿、四大天王殿、护法金刚殿、药师殿、祖师二堂等均已毁坏,现仅存山门、钟楼、鼓楼和大雄宝殿等建筑,壁画也仅存大雄宝殿中的九幅。

大雄宝殿中的明代壁画,分布在佛像坐龛、十八罗汉背后的墙壁和北墙门左右两侧的墙壁上。

北墙门两侧的壁画,名叫《帝释梵天护法礼佛图》。画面上有天帝、天后、天龙八部、侍女等36人,其间点缀着祥云、佛光和花草。画面生动,人物三五成群,左顾右盼,神态自然。天帝形象高大,长达两米的衣纹一笔呵成,潇洒飘逸,令人称奇。

佛像座龛后的三幅壁画，分别为水月观音、文殊菩萨和普贤菩萨。其中，以水月观音画得最好。观音肩披轻纱，上身半裸，胸挂缨珞，眉清目秀，屈右腿，盘左腿，慈祥而又端庄。画面上的善财童子、韦驮、鹦鹉、绿竹、净水瓶等，也画得非常逼真、生动。

法海寺中的壁画，是广大民间艺人采用朱砂、石黄、石青等矿物颜料，运用叠晕烘染、描金、沥粉贴金等手法创作出来的，颜色不但经久不败，而且线条流畅，各种人物、动物、植物形态鲜明，富有很强的艺术感染力。这些壁画在我国古代绘画史上占有重要一席。

此外，大雄宝殿内的藻井，殿前高达 2 米的铜钟，以及供桌、法器等，都是法海寺中很有价值的佛教文物，值得细看。

碧云寺

碧云寺创于元至顺二年（1331 年），经明、清扩建，始具今日规模。碧云寺是一组布局紧凑、保存完好的寺庙，位于北京海淀区香山公园北侧聚宝山东麓，寺院坐西朝东依山势而建造。整个寺院由山门至寺后石塔组成，高度相差 100 多米。在中轴线上的前几重佛殿本为明代遗物，内有佛塑佛雕，其中立于山门前的一对石狮、哼哈二将、殿中的泥质彩塑以及弥勒佛殿山墙上的壁塑皆为明代艺术珍品。寺院层层殿堂依山叠起，因寺院依山势逐渐高起，为不使总体布局景观外露，故而用回旋串连引人入胜的建造形式，每进院落各具特色，给人以层出不穷之感。

碧云寺至今已有六百多年历史。碧云寺山门前有石桥一座，紧靠山门是一对石狮子。山门迎面是哼哈二将殿。泥质彩塑二将像，分别站立大殿两侧。哼哈二将殿两侧分列钟楼和鼓楼，形成第一进院落。

寺庙大雄宝殿正中供奉释迦牟尼坐像，左有迦叶尊者和文殊菩萨，右有阿难尊者和普贤菩萨。山墙上置放姿态各异、形象活泼的彩塑十八罗汉和《西游记》中唐僧取经的神怪故事，云山缥缈的境界，形之于立体雕塑上，增强了立体感与真实感，堪为明代艺术珍品。释迦牟尼塑像后是观音菩萨以及善财、龙王、龙女、韦驮等像，四周衬以观音菩萨悬塑，以及山石云海等，同前殿浑然成为一个整体。

第三进院落以菩萨殿为主体，面阔 3 间，歇山大脊，前出廊，檐下装饰有斗拱，匾额上为乾隆御笔"静演三车"，殿内供奉 5 尊泥塑彩绘菩萨像，正中为观音菩萨，左为文殊菩萨、大势至菩萨，右为普贤菩萨、地藏菩萨。东西两壁塑有高 1 米左右二十四诸天神和福、禄、寿、喜四星像。塑像四周也有云山悬塑和小型佛教故事雕塑。院内古树参天，枝繁叶茂。其中娑罗树最为珍贵，此树原产自印度，树顶像曲伞，枝干盘曲，叶片长圆，形状恰似枣核，每杈有 5 叶或 7 叶，故又称为"七叶树"。佛祖释迦牟尼是在娑罗树下寂灭的，因而成为佛门之宝。

塔院位于寺院最后，院内南部有雕工精致的汉白玉石牌坊，牌坊两侧各有八字形石雕照壁，照壁正面刻 8 个历史人物浮雕，并有题名。照壁小额枋刻有 8 个大字，左为"清诚贯日"，右为"节义凌霄"。塔仿北京五塔寺形状建造。这种塔北京地区有 3 座，另两座是西黄寺的清净化域塔和真觉寺的金刚宝座塔。

中轴线的左右两侧为罗汉堂和水泉院。罗汉堂顶部正中耸立着象征西方净土的宝塔、楼阁，正门内塑有四大天王，中心为三世佛，四面通道上各立有塑像一尊（东为韦驮，西为弥陀佛，南为地藏菩萨，北为疯僧）。寺内共有雕像 508 尊，全系木质雕刻，外覆金箔。五百罗汉按顺序排列，坐像高约 1.5米，身材大小与常人相同。

水泉院中有一天然流泉，名"卓锡泉"，泉水甘甜爽口，泉水旁边是用太湖石堆叠而成的假山。院内最有名的是三代树。这是一株较奇特的古树，柏树中套长柏树，最里层长着一株楝树，楝树仍旧活着。院内由花木、泉水、假山构成了一座优美、幽静的庭院花园。

1924 年 11 月，孙中山应冯玉祥之邀北上共商国是，1925 年 3 月 12 日，因病在北京逝世。4 月 2 日，灵柩从中山公园移往碧云寺塔，直至 1929 年 6 月 12 日，灵柩才由北京迎回南京中山陵安葬。孙中山灵柩在碧云寺塔暂厝达 4 年多时间。灵柩南迁后，此塔成为孙中山的衣冠冢。塔座正中间洞内有一汉白玉石匾，上书金字"孙中山先生衣冠冢"。游碧云寺者，总要到此凭吊这位伟大的革命先行者。

云居寺

位于北京西郊石经山麓。寺内保存着 1 万多块石经板，7000 多块木经板和唐塔、辽塔，被誉为北京的敦煌。1961 年，国务院将它列为全国重点文物保护单位。

云居寺初建于隋代（581—617 年）。寺名几度更改，或称石经寺，或称西裕寺，现在一般叫它云居寺。五代、辽、金、元、明时期几度被毁，又几度重建。近代以来，寺宇毁坏严重。20 世纪三四十年代，由于日军的炮击，除山门、门前石狮、北塔和四座小塔等外，其余建筑荡然无存。1985 年起，人们对云居寺进行了重建。天王殿、释迦牟尼殿、毗卢殿、弥陀殿、大悲殿以及配殿、僧舍等，均已修复。

云居寺入口之一

云居寺之所以闻名全国，首先在于它保存着大量的石经。据调查，在石经山半腰上的两排共9个石洞中，藏有石经板4196块，在经塔地穴中藏有石经板10082块。石板上刻有《大涅经》《华严经》《法华经》《维摩经》等。这些石经，从隋代静琬法师开始刻写，直到明朝末年，方告完成。由于经版刻写的时代不同，其形状和大小也不一样。一般来说，金、明时期刻制的经版尺寸较小，且多为横刻，表现了时代的特征。

在云居寺北，有辽塔一座，砖砌，高30米。在辽塔四周，有唐塔4座，石砌，高10余米。这是北京地区建造时间最早的古塔。

在毗卢殿内，还保存着从智化寺移来的木刻《龙藏》经版7000余块。这样，云居寺就拥有石刻经版和木刻经版两个全国第一。

9个石洞中的第五洞名"雷音洞"，是唯一一座开放式藏经洞，也是9洞之中最大的一个。洞中最初所刻石经146块，一部分镶嵌于第五洞的四壁上。洞中有4根八角形石柱支撑洞顶，石柱各面均雕有小佛像共1054尊，故称"千佛柱"。其他各洞都是封闭式，洞门封锢。1981年11月，中国社会科学院世界宗教研究所佛学家罗召在雷音洞内研修之际，发现隋代所藏佛舍利。云居寺石经是我国的石经宝库，也是世界的宝贵文化遗产，对研究我国佛教历史和典籍有重大价值和意义。

知识链接

北京最古老的塔：天宁寺塔

北京市西城区广安门外不远处，耸立着一座优美挺拔的古塔，这就是有着800多年历史的天宁寺塔。

天宁寺创建于公元5世纪的北魏孝文帝时期，初名光林寺，隋朝叫宏业寺，唐朝时改名天王寺。到了辽代，在寺的后院添建了这座高塔。元朝末年，寺院由于遭受战争而造成了严重的破坏和焚烧，只留下了高塔独存。明朝初年，重新修建了寺院，到了明朝永乐二年（1404年）才改名为天宁寺。

天宁寺塔是砖筑实心结构，塔的总高度为57.8米。塔的个别细部除在明、清时期重修过外，虽经800多年风霜雨雪的考验，至今依旧完整美丽，成为我国现存的辽代密檐式宝塔中的杰出代表。

天宁寺塔的显著特点是，塔身下部第一层特别高大。以上各层之间距离很短，好似重檐楼阁的重檐，却显不出楼阁来了。第一层塔身以上各层之间均没有门窗的结构，更没有阶梯可通向塔顶。

高大的天宁寺塔

整座塔建在一个方形的大平台上，塔的平面是八角形，上下共有13层塔檐。塔的下部是须弥座，有壶门浮雕一道，须弥座上还有三层仰天的莲花瓣似的造型物。据说初建塔时，莲花瓣是用铁制成的，可以灌注油料供燃灯用。清代重修后才改成砖筑的。塔身四面设半圆形券门，门两旁高处，浮雕着金刚力士、菩萨、云龙等雕刻。尤其是金刚力士像的造型极为生动，宽阔的胸部，凸起的肌肉，以威武的姿势侧身而立，生动地刻画了古代力士的体魄。

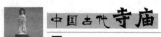

第二节
北京周边的著名寺庙

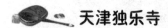 天津独乐寺

被称为京东名刹的独乐寺，在天津市管辖的范围内。独乐寺以它拥有全国建筑时间最早的高层木结构楼阁和庑殿顶山门，以及全国罕见的高大泥塑菩萨立像而闻名于世。

独乐寺在天津市北 110 公里处的蓟县城内。此寺究竟始建于何时，史书上无明确记载。据《盘山志》记载，辽圣宗统和二年（984 年）对独乐寺进行了重建。以后各朝各代虽有修葺，但独乐寺的现存规模，仍然是辽代时期奠定的。现在寺内建筑分东、西、中三个部分。东、西两部分为僧房和行宫，中间为山门和观音阁等主体建筑。

独乐寺的山门、观音阁和观音阁内的观音菩萨与胁侍菩萨，均是辽代的作品。

山门高 10 米，单檐庑殿顶，建于辽统和二年（984 年），是全国现存建筑时间最早的庑殿顶山门。门上"独乐寺"三个大字匾额，据说是明代嘉靖年间宰相严嵩的手笔。山门内有哼哈二将的塑像和清代绘制的四大天王壁画。此门屋顶坡度平缓。正脊两端的鸱吻，与明、清时期的不同，尾向内卷。这在现存的古建筑中也是少见的。

观音阁建于辽统和二年（984 年），是全国现存建筑年代最早的高层木结构楼阁建筑。全阁高 23 米，明为二层，实际上是三层，中间一层为暗层。单檐歇山顶。阁檐下挂着"观音之阁"的匾额。全阁出檐深远，达3米以上，且斗拱硕大，用材、设计讲究，不但外形美观，而且具有很强的抗震能力。据记载，清康熙十八年（1679年），三河、平谷一带发生相当于8级的大地震，官署、民房全部倒塌，而独乐寺却岿立未倒。雍正八年（1730年）独乐寺又受到强地震的袭击，再次经受住了考验。1976年7月28日，河北唐山发生大地震，震中离独乐寺仅数十公里。蓟县城内，房倒屋塌，而独乐寺依旧安然无恙。可见，独乐寺的主殿、高达23米的观音阁的抗震能力，确实是惊人的。

独乐寺高大的泥菩萨像

观音阁内有三尊泥塑菩萨立像，均是辽代的作品。中间须弥座上站着的是观音菩萨像，通高16米。这样高大的泥塑立像，在全国是少见的。观音菩萨像的头上，还塑有十面小佛头，因此被人们称为十一面观音。观音上体前倾，两臂下垂，面目慈祥。观音像前还塑有两尊胁侍菩萨像。这三尊菩萨像，已在此站立了1000余年，虽经历许多次大小地震，仍然没有倒下。

观音阁下层的四面墙壁上，布满了大型彩色壁画。壁画高3.15米，全长45.35米，总面积140平方米。画面内容以罗汉为主。此外还有天王像和世俗生活、山林云水等。壁画中共有世俗人物、供养人70余个，罗汉十余尊。罗汉像的大小均在2米左右。男性世俗人物中，有的还戴着元朝时通行的斗笠帽。人们由此推断，这些壁画首绘于元朝，是明代重新描绘过的。

观音阁内的珍贵壁画，原掩藏在墙壁上厚厚的灰泥中，1972年维修时才被发现。是什么原因要将壁画掩盖起来，又是何时由何人掩盖的，现在还是一个谜。

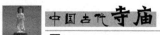

承德普宁寺

位于河北省承德市避暑山庄东北狮子沟的北坡上。这是一座将汉、藏建筑风格融为一体的佛教寺庙。寺中有全国最高的木雕菩萨像。1961 年，国务院把它列为全国重点文物保护单位。

普宁寺建于清乾隆二十年（1755 年）。当时，清朝政府平定了新疆蒙古族准噶尔部的叛乱，为了庆祝这次平叛的胜利，欢迎来到承德的蒙古族厄鲁特四部首领，遵照蒙古族的宗教信仰，仿照西藏喇嘛教寺庙的建筑形式，修建了这座寺庙。同时，取天下太平、永远安宁的意思，将它定名为普宁寺。

规模宏大的普宁寺建筑群，大体上可以分为两大部分。前部为中轴线分明、左右配殿对称的汉族宫殿式建筑。山门、碑亭、天王殿、大雄宝殿等，处于中轴线上。耸立在碑亭内的三座石碑，用汉、满、蒙、藏四种文字，记述了清政府平定准噶尔叛乱的经过和修建普宁寺的原因。

普宁寺的后部是一组体现了以佛为中心的藏式建筑群。

这组建筑群，修建在一座 9 米多高的台基上。台的中央为大乘之阁，象征着佛的世界，这是中心。阁的两侧建有日殿和月殿，象征着太阳和月亮。阁的四面，建有四个基台，台上建有殿宇，象征着佛教宇宙观中的四大部洲，即东胜神洲、南瞻部洲、西牛贺洲、北俱卢洲；还有 8 个白台，象征着八小部洲。阁的四角，分别建有红、黑、白、绿色四座喇嘛塔，象征着佛祖释迦牟尼的降生、得道、初转法轮和涅槃。在阁的东南和西南角，各有小殿一间，是乾隆皇帝来寺休息和听活佛讲经的地方。

大乘之阁是仿照西藏扎囊县桑耶寺乌策大殿的形式修建的，高 36 米多。阁的前面为 6 层，两侧为 5 层，后面为 4 层，俗称三祥楼。阁顶由五个攒尖式屋顶组成，中间的一个较为高大，四角的四个较为矮小，构成了一个金刚宝座的形式。阁内有一尊重达 120 吨、高 22.28 米的千手千眼观音菩萨木雕像。在菩萨像头冠前面和上面各有一尊佛像，这就是观音菩萨的老师无量寿佛。在观音菩萨的手上，分别拿着日、月、杵、乾坤带等法器。这尊菩萨像，是用榆、杉、柏、桧等 14 根大木拼接雕刻而成的。它不但体形高大，而且各部比例匀称，堪称我国木雕艺术精品。

在观音菩萨像前，还有两尊各高 14 米的木雕神像，这就是观音的弟子善财和龙女。

承德普陀宗乘之庙

普陀宗乘之庙位于河北省承德市避暑山庄正北山坡上，是承德外八庙中规模最大的一座寺院。外八庙修建于清康熙五十二年至乾隆四十五年（1713—1780 年），由溥仁寺、溥善寺、普乐寺、安远庙、普宁寺、普佑寺、须弥福寿之庙、普陀宗乘之庙、殊像寺、广安寺和罗汉堂等 11 座寺庙

宏伟的普陀宗乘之庙

组成，因这 11 座寺庙分八处受北京雍和宫管辖，故名"外八庙"。乾隆三十五年（1770 年）是乾隆 60 大寿之年，次年是皇太后钮祜禄氏 80 寿辰，西藏、青海、新疆、蒙古等地各族王公首领都要求赴承德贺寿。乾隆异常重视这两次盛大聚会，特令内务府仿前藏政教领袖达赖驻地拉萨布达拉宫，在承德修建此庙。乾隆三十二年（1767 年）三月开工，原计划 3 年竣工，因施工后期失火，延至三十六年（1771 年）八月竣工，共占地 324 亩。

普陀宗乘是藏语"布达拉"的意译，因此庙规模比西藏布达拉宫小，俗称"小布达拉宫"。

普陀宗乘之庙总体布局与西藏布达拉宫相似，无明显中轴线。整体气势虽逊于西藏布达拉宫，但其占地之广、体量之大却为内地寺庙所罕见。全寺平面布局分前、后两部分：前部位于山坡，由山门、白台、碑亭等建筑组成；后部位于山巅，有大红台和房堡等建筑。按建筑特征分，可将其分为三部分：第一部分由山门、碑亭、五塔门、琉璃牌坊组成；第二部分是白台群，由若干大小白台组成；第三部分为大红台。白台群呈"X"形，上拱大红台，下围山门、碑亭、五塔门和牌坊，这种建筑布局是中国寺庙建筑中所独有的。

万法归一殿是普陀宗乘之庙的主殿，隐于大红台群楼之中，殿顶高出群楼，金光闪烁。底部因三层群楼合围，色调阴暗，上下光照对比鲜明，从而形成了森严肃穆的宗教气氛，是中国宗教建筑中的瑰宝。

普陀宗乘之庙不仅以楼阁殿宇之宏伟壮观闻名于世，而且以其寺庙与园林之浑然一体驰名天下。寺内松柏成荫，花草烂漫，为庄严的寺院平添了许多秀色。

1961 年，普陀宗乘之庙被国务院列为全国重点文物保护单位。

承德须弥福寿之庙

著名的须弥福寿之庙

须弥福寿之庙位于河北省承德市避暑山庄之北，普陀宗乘之庙的东边。清乾隆四十五年（1780 年），乾隆 70 岁诞辰，后藏政教首领六世班禅额尔德尼要来避暑山庄祝寿。为了隆重接待班禅，乾隆帝下令仿班禅所居的日喀则扎什伦布寺的形式，兴修了这座庙宇。“须弥”即须弥山，藏语名“扎什”，“福寿”藏语名“伦布”。须弥福寿的意思，是像吉祥的须弥山一样多福多寿。乾隆在《须弥福寿之庙碑记》中写道：“布达拉既建，伦布不可少。择向兴工作，亦以不日成。都纲及寝室，一如后藏式。”由于建庙是为了接待班禅，所以又俗称“班禅行宫”。

整个庙宇占地面积 3.79 万平方米，自南而北有山门、碑亭、琉璃牌坊、大红台、金贺堂、万德宗源殿、琉璃万寿塔等主要建筑，沿一条较明显的中轴线采取左右基本对称的排列布局。从总体上看，是典型的藏族寺庙。但某些建筑个体和细部装饰，又具汉族风格，形式十分独特。

庙宇周围以墙壁围绕，东西两端转角处，各建隅阁一座。山门前有五孔石桥，长约 40 米，宽 6 米多。山门悬挂着乾隆御书“须弥福寿”匾额，与普陀宗乘之庙山门略同，门前列石狮子一对。山门西北为碑亭，亭四面墙壁开有拱门，内有乾隆四十五年（1780 年）立的《须弥福寿之庙碑》。碑文用四体文字镌刻，全高 8 米多。碑头碑身是一块整石所造，周围和两侧都刻有云龙纹样；碑座为一巨石雕成的龟趺，下部基石刻有波涛纹样，四角还有鱼、虾、蟹、龟等动物装饰。在避暑山庄和外八庙的全部立碑中，此碑的规格是最高的。

须弥福寿之庙的主体建筑物是大红台。大红台顶部为平面，平铺方砖，砖下为锡板防水。壁面上辟有三层中国式垂花窗户，盲窗与实窗相间。窗头上浮嵌琉璃制垂花门头，有着明显的汉民族建筑风格。大红台顶部平坦，四角各建有庑殿顶式小殿一座，琉璃瓦顶。脊上吻兽，南面两殿用孔雀，北面两殿用鹿。各殿皆面阔三间，进深三间，内供金刚佛像。

大红台内部四周是群楼，上下共三层。妙高庄严殿高耸在群楼中央，象征黄教始祖宗喀巴成佛的佛境，是六世班禅在此居住时讲经的地方。妙高殿面阔 7 间，高 3 层。大殿的屋顶，上覆铜制镏金鱼鳞瓦，角脊下面做成龙头形，脊身波状，匍匐金龙两条，一条朝上，一条朝下，每条重量都在一吨以上。屋上八条金龙，姿态各异，栩栩如生，金光闪烁，活灵活现，大有腾空欲跃之势，在蓝天白云的映衬下，显得金碧辉煌，庄严富丽。据说殿顶的金龙等饰物用了上等黄金 1.15 万两，这在国内是罕见的。

在大红台东，建有连续重层红台，名为"东红台"，又称"御座楼"。原为乾隆来此休息之所，外观与大红台基本相同。

在大红台北面中轴线上，是金贺堂和万法松缘殿，又合称"万花仲院"，原为六世班禅弟子的住室。该院平面呈凸字形，外观为一白台形式。庭院北面是万法松缘殿，阔九间，深三间。殿前为中庭，东西两侧有深一间的廊庑。南面正中三间，又向南突出二间之深，称"金贺堂"，前间单层，后面两层，都是平顶结构。

琉璃万寿塔巍踞于须弥福寿之庙中轴线最北山巅。建在方形基坛上，坛上再承以八角形须弥台基。塔身为八角形，共七层。底层具有广阔的木廊，廊上覆以黄琉璃瓦，上面又设有八角形平台，平台周围又有石栏杆。各层塔面用绿琉璃砖砌成，壁面上饰以精致的佛龛和佛像。塔身色调雅而不俗，轮廓清晰，结构美观，在两侧白台衬托下，显得十分秀丽。

据记载，为迎接六世班禅，年已 70 岁的乾隆帝，专门学习了一般常用的藏语，还研究了藏史。在引导班禅参观了整个寺庙后，乾隆还请班禅六世讲经。班禅将途中每一站祈祷、祝福乾隆万寿的记录送给乾隆，并献哈达等礼物 40 余件。乾隆欣喜万分，回赠班禅身穿袈裟的画像一幅及弓、箭、金币、金丝袈裟等，还颁发了金册、金印，并为他题写了"宝地祥轮"匾额。

须弥福寿之庙不仅富有高度的建筑艺术和特色，还是一座具有重要历史意义的寺庙，它对于加强清王朝和西藏地方的联系，增强各民族之间的团结，发挥了极为重要的历史作用。

1961 年，须弥福寿之庙被国务院公布为全国重点文物保护单位。

河北正定隆兴寺

在河北省正定县城东门内。寺内保存的宋代建筑、宋铸大铜佛像、明铸毗卢佛铜像、明塑五彩观音像，以及被誉为"隋碑第一"的《龙藏寺碑》，名闻海内外。1961 年，国务院把它列为全国重点文物保护单位。

隆兴寺始建于隋开皇六年（586 年）。宋代扩建，更名为龙兴寺。清康熙时期（1662—1722 年）更改为今名。

隆兴寺规模宏大，占地面积 5 万多平方米。其重要建筑有天王殿、大觉云师殿、摩尼殿、戒坛、慈氏阁、转轮藏阁、御碑亭、大悲阁、弥陀殿等。

摩尼殿是隆兴寺建筑群的精华，面积达 1400 平方米。此殿建于宋皇祐四年（1052 年）。在底层方形平面的四面正中各出抱厦一间，构成了一个十字形。这种布局形式，在现存的宋代建筑中甚为罕见。殿内共有五尊泥塑神像。其中的释迦牟尼佛像和阿难、迦叶像为宋代作品。殿内有明代壁画 400 多平方米。后壁上有明代彩色泥塑须弥山，山中的观音塑像神形兼备，酷似一位美貌的少女，为明塑精品。

大悲阁外观 3 层，高 33 米。阁内供奉着一尊千手千眼观音的铜铸像。像高 22 米，端坐于须弥座上。观音的 42 只手臂，除胸前的两只仍为铜铸外，两侧的 40 只已于清代换为木臂了。这座观音菩萨铜像和大悲阁，均造于宋代开宝四年（971 年），1944 年重建时面积缩小了三分之一。

弥陀殿，也称毗卢殿。殿内有一尊高达 6 米、状似塔形的明铸毗卢佛像。佛像分三层，每层各有一尊毗卢佛，分别面向四方。佛冠上有小佛像 60 尊。莲座的每一瓣莲花上均有一尊小佛，全莲座共有小佛 1000 余尊。这是一件制作精美的铜铸艺术品。据记载，毗卢阁建于明万历元年（1573 年），1959 年才从正定城内移入寺中。

《龙藏寺碑》是隆兴寺的一宝。此碑高 2 米，宽 0.9 米，刻立于隋代开皇六年（586 年）十一月五日。碑文记述了当年的恒州刺史王孝仙，动员百姓修建龙藏寺的经过。碑文书写工整，是隋代书法中的精品，被称为"隋碑第一"；因其字体方正，虽还有隶书的余韵，但已经是正式的楷体字，所以又被誉为"楷书之祖"。

张家口桥西云泉寺

沿京张铁路或京张公路进入张家口市区，举目眺望环抱城市的西部群山，首先映入眼帘的是赐儿山山腰间一组古色古香的建筑群，负阴抱阳，坐西北朝东南，随山势高低错落，它就是古刹云泉寺。赐儿山为阴山余脉，松柏翠，林草深，山峰秀丽；揽日月，割昏晓，风景如画。云泉寺始建于明洪武二十六年（1393 年），取"白云深处有清泉"之意。从西坝岗路西行，拾级而上，石板路蜿蜒于油松、桧柏、荆棘、花草丛中。首先迎接你的是半山亭，一座六角攒顶古亭。接着为望亭。再向上攀登，峰回路转，豁然开朗，就到了云泉寺山门。山门也是天王殿。门前两只石狮雄视，旗杆矗立。至此，如果回首远眺，可以看到张家口桥东、桥西两区的街道、楼房、河流等，对面东、西太平山的长城、古亭、墩台等，"大好河山"尽收眼底。

云泉寺既奉佛，又崇道，既尊神，又恤民，是一座巧为合建共居的寺庙。山门前广场的北边，有一座五道庙。这样驻足山门，未曾登堂入室之前，其圣界妙谛就已尽在不言中了。历史上，寺庙建筑的基本格局是前为道，后为佛；上为道，下为佛。整个寺庙区，大致可分为三进院三台地，依山就势，铺陈开来。第一层院落虚分三进。山门坐西向东，按照一般佛寺天王殿形制，塑弥勒佛、四大金刚像，因山门进深小，韦驮取画像。一二进院皆为靠山而筑的北房，向东南敞开，只有花砖女儿墙围护。

佛、道的经典律法与儒家的宗法孝悌观念在这里既各行其是，又巧妙地熔铸于一炉。

云泉寺还是一座精作天人之合的寺庙。云泉寺虽是佛道合璧，但整个轮廓，更具道教建筑特色，自由且自然。

寺庙背靠西北山麓，阻冬季寒流，迎夏季凉风，顺天因地；按八卦选址，居乾位对巽位，前有小丘为案，下有赐儿山沟的出流水口；东南方，是由京、津进入张家口的方向，一向车水马龙，云泉寺得以"合十迎紫气，长揖候嘉宾"。

云泉寺的台阶曲折连通，殿堂洞窟杂处。巧借地形，相得益彰，如入仙境。寺内全无高大建筑，至多三间五架，许多为单间、单跨；山门和玉皇阁为歇山顶，其余多是硬山顶；只少数殿堂前面有廊庑、抱厦；青砖地、青砖墙、青瓦顶，加上朱红门窗，素雅中透出精神。

云泉寺又是一座巧集造化神秀的寺庙，寺内有众多令人惊叹不已的奇特山水景观。

三奇洞——"冰洞""风洞""水洞"，在西崖下，一字排开，虽相距咫尺，但物候迥异，集四季于一时一地。"冰洞"深3米，洞内岩缝涌水结冰后，至炎炎盛夏不融。据说是因洞顶有极强的空气对流层，岩石的某些成分犹如冷凝剂，使得洞内冬季常驻。"风洞"四季凉风习习。据地质学者认为，上下潜蚀洞通过裂隙贯通，形成空气对流，从而风起不息，使得洞内春秋不易。"水洞"深2米，也属天然潜蚀洞，有"喷玉"之称。洞内泉水清澈，常取常盈，旱不枯，冬不冻，使得洞内夏季常驻。有故事讲，张果老曾因饮此泉水，而长生不老，得道成仙。三个洞口各有对联一副，分别为"灵液供丹灶，清心照玉壶"，"傍山冬日液，侧水夏天凝"，"劈开双玉峡，云山一碧泉"。

寺院中部，有堪称双绝的"元榆明柳"。西边峭壁下曾生有一株榆树，为元至正二十六年（1366年）所植。据说高约13米，干径约10围。遗憾的是现已枯死。现有古柳二株盘抱而生，为明洪武二十八年（1395年）所栽。令人称奇的是，向东横卧古柳主干中空的腹内却长出一棵松树，柳丝袅娜，松枝苍劲，如影随形，相映成趣。

沿着院前、院后的蜿蜒山路继续攀登，上面还有"万松亭"和"蠹霄亭"。在亭中小憩，鸟瞰四野，赐儿山峭壁如削，万木峥嵘，云泉寺亭台掩映，参差错落，大有"一览众山小"的心旷神怡之感。

桥西水母宫

水母宫位于张家口中心城区西北 3.5 公里处，是一个以供奉水母娘娘的水母庙为主的山地公园。其四周榆柳环合，松柏青翠，花草繁茂，因此整个景区统称为森林公园。又因其东北毗邻依山而筑的龙泉寺，也有以龙泉寺相称的，水母庙始建于清乾隆四十七年（1782 年）。庙宇下有泉水出石洞而奔涌，水流清澈甘美，终年不涸。

进入水母宫景区，首先迎接我们的是一座彩画牌坊。穿过牌坊，沿山脚前行，山势巍峨，树木葱茏。不知不觉间，来到水母宫的山门面前，存万绿丛中，红墙、青瓦、拱门格外招眼。有三座拱券门，上伏歇山单檐瓦顶，中悬"水母宫"匾额，绿身黄鬃的石狮蹲伏两边须弥座上。透过山门，伫立观望，山顶白云缭绕，宫苑肃静幽雅。

整个景区由三部分组成。中路直通依卧云山南麓修建的水母庙。庙前青砖坊立于崖壁上，上书"水母宫"三个大字。两侧连接坊门的镂空花墙，题雕"风调""雨顺"，"有求""必应"，宛如锦带环护。

关于水母庙的始建，有一个美丽的传说，一说是两王母北行，经卧云山，干渴思饮，便指地为泉，山岩遂裂，"大水泉"的泉水涓涓而出。于是就在"大水泉"之上，建起了水母庙。其真实的缘由是，"大水泉"的水含硫、铝等矿物质，浸泡、洗鞣毛皮，效果极佳。于是商户、工匠便集资修建水母庙，塑水母娘娘像，时时供奉，祈求皮业发达。庙跨泉洞而筑，下面隧洞幽深，淙淙泉水，流入 10 多个洗皮池中。水母庙是与皮都张家口的历史联系最紧密、最具特色的庙宇。水母庙造型秀雅。在翠树环抱中，一座三间五架的小小殿堂，朱檐悬匾，青砖碧瓦，花窗朱门，飞檐翘角，雕梁画栋，蕴含着无尽的亲近和慈爱。

水母庙雕塑壁画精美。殿内，水母娘娘和侍女塑像，体型匀称，神态慈祥。专业人士认为，这样的塑像，在别处少见，堪称佳品。两侧大型壁画《出入同宫图》，把诸多天神出宫施雨、各司其职的繁忙景象和雨后人马回宫的神情怡然，描绘得惟妙惟肖，淋漓尽致。在这不大的空间里，还创作有其他内容的名人逸事和神话故事。其中《昭君出塞》《文姬归汉》再现了皮都人民珍惜蒙汉友好、繁荣贸易往来的历史景象。

入山门向右路走，亭台、池桥掩映在遮天蔽日的树丛中。横空出世的一条人工瀑布，急流飞泻。瀑布下为一水池，石桥、栏杆曲折其上，小亭、孤岛、闲鹤散布其间，四周绿树婆娑，池内游鱼嬉戏，白云山峰倒映，是游览、休憩的好地方，更是缅怀先烈和重温传统的好地方。

东部山脊上，有一条新建彩色游廊状若卧龙。游廊之北，山峰层叠，怪石林立。半山腰有亭，沟壑中有洞。涉险探幽，时而山重水复，时而柳暗花明。群峰林立之中有一巨石，远望如冕冠宽服、伛偻危坐的老人，俗称"石老汉峰"。1958年，全国文联参观团来此游览，郭沫若曾即地赋诗畅抒情怀。此林木丛中建有一馆舍，习惯称东大厅，造型古朴，游廊环绕，是著名爱国将领冯玉祥将军曾经居住和办公的地方。卧云山主峰老虎头下还有一白龙洞，"察哈尔民众抗日同盟军"抵抗日寇时，指挥部设于此。此处也留下了冯玉祥将军的音容和足迹。从大厅逐级南下，距此不远处的台地上，就是冯玉祥将军的汉白玉雕像，雕像巍然挺立，目光坚毅。将军刚正不阿的民族气节，坚强不屈的献身精神，使人肃然起敬。

水母宫的左路景区，地势相对平坦，视野开阔，建有一座小亭，亭下是中日友好林。站在亭中放眼望去，越过小丘、山涧，通往内蒙古和坝上的207国道以及对面的山峦房舍尽收眼底。西南角建有几排平房，为抗日同盟军北路前敌总指挥吉鸿昌烈士纪念馆。走进纪念馆，首先会瞻仰到吉鸿昌烈士的半身塑像。馆内展览分两大部分，分别陈列着将军组织和领导抗日同盟军活动的照片和部分遗物。参观展览，抚今追昔，先烈的精神永远激励着后人。

水母宫以其深厚的人文积淀，卓绝的姿韵景致吸引着人们，让人翘首赞叹，流连忘返。近期还发现，景区地下水，为含锶与偏硅酸的优质矿泉水，已被开发为"水母宫"牌矿泉水，投放市场。

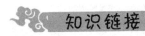

威风凛凛的四大天王

佛教寺院的第一层殿堂往往叫作天王殿，那是因殿内供奉有"四大天王"而得名。四大天王被佛教称为"四方护法主"或"护世四天王"。民间则俗称"四大金刚"。

西方广目天王

"四大天王"身高体大，横眉怒目，全身披挂着金盔金甲，威风凛凛，如同统率大军的将军一般。"四大天王"出自何方呢？据印度神话故事中讲，在古印度有一座高250多万千米的须弥山。山腰处有一座犍陀罗山，山上共有四峰，每个山峰上各住着一位大王。北方的叫"多闻天王"，东方的叫"持国天王"，南方的叫"增长天王"，西方的叫"广目天王"。它们分别保护着各自的一方天地，"四大天王"故由此而来。后来"四大天王"为佛教所采用，让它们加入佛教护法神的行列中。佛教传入中国后，我国的佛教徒又根据自己的风俗习惯，给"四大天王"穿戴上了盔甲，变成了古代大将军的面貌。人们看到天王手中拿的物品，也是中国佛教徒加进去的。而道教徒则说"四大天王"本是同胞兄弟，是周朝魔家四将的化身。

怎样识别和辨认每一位天王呢？这要从彩塑的色调上和天王手拿之物上区分。其中南方增长天王被彩塑呈蓝色的面目，它手持一把雪亮的宝剑，其寓意是：剑舞而有"风"也。

东方持国天王的脸被彩塑呈白色或黄色，双手正在用力地弹奏着琵琶，其寓意是：弹奏而有"调"也。

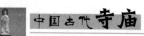
北方多闻天王的脸被彩塑呈黄色或白色，它一手拿着一只小银鼠，一手执一把闭合的巨伞，其寓意是：拿伞而有"雨"也。

西方广目天王的脸为红色，它左手捏着一颗"多宝珠"，右手缠绕着一条小龙，其寓意是：执龙者"顺"也。

把"四大天王"手拿之物所代表的字意连贯组合下来，就成了"风调雨顺"四个字。如果"风调雨顺"是一副吉祥的上联，那么下联自然是"五谷丰登"了。它反映了古代老百姓对"四大天王"所寄予的美好愿望。

另外，每尊天王的脚下还各踩着两个匍匐在地、形象丑恶妖怪模样的小塑像。

"四大天王"共踩着八个妖怪，这就是民间俗称的"八大怪"，它是佛教战胜异教的象征。今天游人参观"四大天王"，除了想知道一些有关他们的传说以外，更多的是被精湛的泥塑艺术所吸引。

第三节
山西及东北地区著名寺庙

太原崇善寺

太原崇善寺坐落在山西省太原市五一南路皇庙巷内。寺的现有规模很小，但寺中保存的《大藏经》等文物却著称于世。

此寺初建于唐，始名白马寺，后改名为延寿寺、崇善寺、新寺等。寺中的现存殿堂，建于明洪武十六年至二十四年（1383—1391年）。

　　洪武十五年（1382年），明太祖朱元璋的皇后马氏去世。由马氏抚养成人的朱元璋第三子晋王朱棡，请求修建一座兼有祖庙功能的佛教寺庙，并得到了明太祖的批准。此时重建的崇善寺，占地245亩，殿宇辉煌，规模宏阔，其布局有似北京故宫。后经不断维修，寺庙得到了妥善的保护。清同治三年（1864年），一把大火烧掉了崇善寺的大部分建筑，仅六大殿之一的大悲殿保存了下来。我们今天看到的崇善寺，其面积只有那时庙宇的几十分之一。

　　但是，崇善寺中保存的文物却很有价值。

　　第一，今日的大悲殿基本上仍是洪武年间的建筑。以后的维修只是小修小补，没有大的改动。

　　第二，寺中保存的北宋《崇宁万寿藏》17卷零18页，南宋《碛砂藏》562函、4846卷，元代皇庆元年（1312年）刻印的《普宁藏》505函、4257卷等，尽管都不是原刻经书的全部，但已经是稀世珍品了。此外，这里还有明版《南藏》、《北藏》以及其他手写经书，亦很珍贵。

　　第三，寺内保存着当年大雄宝殿两侧长廊壁画《释迦世尊应化示迹图》、《善财童子五十三参图》的临摹本，亦为稀世珍品。

　　第四，大悲殿内供奉的高达8米的千手千眼观音像、千手千钵释迦文殊像和普贤菩萨像，都是明代的泥塑珍品。保存至今，极为难得。

大同华严寺

　　坐落在山西省大同市城西。寺内保存着珍贵的辽、金建筑和辽代彩色泥塑像，被誉为辽、金艺术博物馆。1961年，国务院把它列为全国重点文物保护单位。

　　华严寺始建于唐朝，是当时佛教华严宗五大寺庙之一。会昌年间（841—846年）灭法，寺毁。辽代重建，并供奉辽诸先帝的石像和铜像，华严寺成了辽帝的祖庙。保大二年（1122年），寺内部分建筑被火烧毁。金、明、清时期，多次重修、大修或维修，使该寺保存到现在，但寺院的面积却比辽代小多了。

大同华严寺塑像

坐西朝东的华严寺分为上寺和下寺两大部分。上寺在下寺的西北角。两寺相距不远。上寺的主要建筑有山门、前殿和大雄宝殿。祖师堂、禅堂、云水堂等，分列左右。下寺的主要建筑有山门、天王殿和薄伽教藏殿。此外，还有碑亭和配殿等。

薄伽教藏殿是下寺的主殿，建于辽重熙七年（1038 年）。此殿为重檐歇山式屋顶，面宽五间，进深四间，殿基高 3 米。按照梵文的意思，此殿是存放佛经的地方。所以，在殿内的左、右、后三面墙壁下方，共有壁藏——藏经柜 36 间。藏经柜外观 2 层，称为重楼式壁藏。柜内也分两层：上层为佛龛，供佛像；下层为经柜，藏经书。现壁藏内仍存有佛经 18000 余册。在后墙上方正中偏西处，有一座木桥与一座高悬的楼阁相通。这就是著名的天宫楼阁和圆桥。壁藏和天宫楼阁，在我国的古代建筑中都比较少见。现殿内的梁枋彩绘、天花板彩绘和藏经柜等，也都是辽代的遗物。

薄伽教藏殿内，还有辽代彩色泥塑的佛像、菩萨像、天王像和供养人像等 31 尊。其中有一尊合掌露齿菩萨像，神态自然，富有人情味，是辽塑中的一件珍品。

大雄宝殿，是上寺的主殿，为金天眷三年（1140 年）重建后的遗物。此殿为单檐庑殿顶，面积达 1559 平方米，是全国现存较大的一座佛殿。因为采用减柱法建造，殿中减少立柱 12 根，扩大了空间。大雄宝殿中共有明代彩色泥塑佛像 33 尊。正中供奉的是五方佛。两侧，有天神塑像 22 尊，每尊均前倾 15 度，实不多见。墙上，有清代绘制的壁画 20 幅，大小人物 5000 余个，面积达 800 多平方米。这些壁画，有释迦牟尼说法图、千手千眼观音图、罗汉图、善财童子 53 参图等，使整个大殿充满了浓厚的宗教气氛。

大同善化寺

俗称南寺。坐落在山西省大同市南门内西侧。这里有我国现存面积最大、保存最好的辽、金建筑群。1961年，国务院把它列为全国重点文物保护单位。

善化寺始建于唐开元年间（713—741年），初名开元寺。五代后晋初年更名为大普恩寺。辽保大二年（1122年）至金皇统三年（1143年）重修。明正统十年（1445年），英宗朱祁镇赐名为善化寺，并将该寺作为官员们学习礼仪的场所。从此时起直到清末，善化寺曾大修三次。1949年后，人民政府又多次维修了善化寺，使其面貌焕然一新。

坐北朝南的善化寺，面积达11900多平方米。善化门（山门、天王殿）、三圣殿、大雄宝殿处于中轴线上。普贤阁、观音殿、地藏殿和配殿等，位居两侧。其中，大雄宝殿为辽代遗物，善化门、三圣殿、普贤阁，为金代遗物。

大雄宝殿是善化寺的主体建筑。此殿面宽7间，40.7米；进深四间，25.5米。重檐庑殿顶。殿基为砖砌，高3.3米。殿前有钟亭、鼓亭和木牌坊。殿内保存着金代泥塑神像33尊。其中，有金身五方佛像五尊；两侧，各有天王像12尊。墙上，有清代绘制的壁画190多平方米。这些壁画题材都是佛传故事，也很生动。

三圣殿为一座单檐庑殿顶式建筑。殿内有毗卢佛、文殊和普贤菩萨等彩色泥塑像六尊，古代石碑4座。其中，以金大定十六年（1176年）刻立的《大金丙亥大普恩寺重修大殿记》碑最为重要。三圣殿采用减柱法建造，殿内只有立柱4根，大大增加了室内空间。所以，这也是金代建筑中的一件杰作。

五台山佛光寺

1937年著名建筑家梁思成教授为调查中国古建筑来到佛教圣地山西省五台山的众多佛寺中，发现了两座唐代的佛寺：南禅寺和佛光寺。佛光寺由于地处五台山边缘的偏僻地区，香火冷清，不为人知，正因为如此，才使它避免了历代的天灾人祸，默默无闻地在深山老林中沉睡了1000多年，也免去了一些乐善好施的后人对它的修缮和雕凿，保持了建造时的原貌，成为研究唐代木结构建筑仅有的、最可靠的、"原汁原味"的、正宗的"原作"。五台山是唐朝佛教华严宗的重要基地，佛光寺是五台山十大寺之一，地处山西省五台山东北30公里佛光山腰，整个建筑群处于一个向西的山坡上，依山而筑，有一条明显的东西向轴线，把殿堂楼阁约120间安排组合成高低错落、纵横交叉的建筑群，十分壮观。建筑群分别建在坡地三层平台上。一进山门的第一层平台较宽阔，台上有两幢比大殿晚300年修建的文殊殿和观音殿（已毁）；第二层平台上据文献记载曾经建有的最主要的建筑是唐元和年间（806—820年）兴建的7间三层的弥勒阁，高约32米，内塑佛像72尊，规模之大、名声远播、香火日盛，成为五台山著名佛寺。可惜好景不长，唐会昌五年（845年），唐武宗禁止佛教，佛光寺各殿宇全被烧毁。唐宣宗尊重佛法，重修佛光寺。唐大中十一年（857年），愿诚和尚又在第三层平台用挡土

风景宜人的五台山佛光寺大殿

墙砌成高台的原址上重建佛光寺东大殿。寺院因山势建造，东南北三面峰峦环抱，唯西向低下，层层平台逐层抬高，居高临下，气势雄伟。寺区苍松翠柏，殿宇巍峨，院落宽广，宁静清幽，环境优美，是全国重点文物保护单位。

佛光寺大殿正面宽34.08米，进深18.12米，单檐庑殿顶。大殿的正中是五开间板门，两端两间和两边山墙后部都开直棂窗，便于采光和通风，正面可见粗壮的木柱、木梁和支撑挑出达4米的屋檐，屋檐下为粗大雄壮的木斗栱。正脊两端各有一个尾巴向里弯曲的琉璃鸱吻，柱高与开间的比例略呈方形，斗栱高度为柱高的一半，粗壮的柱身和宏大的斗栱再加上深远的出檐，看上去和谐匀称、庄重劲健，给人以雄健有力的感觉。殿前植有两棵姿态优美的古柏与大殿相映成辉。

大殿平面是个简单的矩形，柱网由内外两周柱组成，外圈的22根木柱和内圈的14根木柱加上柱顶用木枋木梁连接起来，再加上柱上的斗栱、明栿、柱头枋将两圈柱架在纵横方向上连接起来，使整个大殿结构形成了外圈一个矩形筒、内圈一个矩形筒牢固的空间筒形结构。在唐朝，这外圈称"外槽"，内圈称"内槽"，结构原理和现代高层建筑的筒中筒结构极其相似。大殿里内槽后部有一个矮而宽大的佛坛，坛上布置20多尊唐代彩塑佛像；各间有主像一躯，分别为释迦佛、弥勒佛、弥陀佛、普贤菩萨、文殊菩萨，坛上还有当年建殿的施主宁公遇及住持者愿诚和尚的塑像，坛前就是僧侣和进香的善男信女们诵经拜佛的地方。外槽一周靠墙布置许多罗汉像和供养菩萨，像前一条通道供僧侣们在做佛事时走动。殿壁的壁画为佛教故事，尚存唐代壁画10余平方米，菩萨慈祥、天王威武、飞天飘逸，颇具唐画风韵。

大殿的外观艺术形象与结构结合得十分合理，木柱木梁的连接全靠榫卯，榫卯特点是越压越紧而越拉越松，古代聪明的木匠有意让所有外圈的木柱都略微向内里倾斜（古代称为"侧脚"），大殿正面一排柱子并非完全一样高，两边的比中间的柱略微升高一点（这叫"升起"）。"侧脚和升起"使整个结构产生了一个向里的压力，使梁柱之间连接更紧密了，同时又使人感到建筑更雄健稳重，檐口曲线更柔和。柱身顶部被加工成曲线（这叫"卷杀"），使柱子与梁架斗栱连接得更好，看上去更挺拔有力，这和古希腊雅典卫城帕提农神庙的陶立安柱子的"收分"有异曲同工之妙。

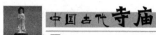

佛光寺大殿的唐代建筑、唐代雕塑、唐代壁画、唐代题记被誉为"四绝"，在中国建筑史上占有重要地位；佛光寺大殿在创造佛殿建筑艺术方面表现在结构与建筑艺术的统一，也表现在简单的平面里创造丰富的空间艺术的高度水平；佛光寺大殿不仅是中国也是世界建筑艺术宝库中的一颗光彩夺目的珍宝。

五台山南禅寺

南禅寺位于山西省五台县城西南 22 公里李家庄西侧土岗上，坐北朝南，东西长 51.3 米，南北宽 60 米，寺内分东西两院。大殿又名大佛殿，是我国现存最古老的木结构建筑。大殿由台基、屋架、屋顶三部分构成，殿宇面宽与进深各 3 间，宽 11.75 米、深 10 米，单檐歇山顶，屋脊两端饰鸱吻，屋顶举折平缓，出檐深远，前檐明间设板门，次间设直棂窗，四周列柱 12 根；其中 3 根为模棱方柱，其余为圆柱，过去只见敦煌壁画用方柱，此为孤例。殿内无柱，结构简练。殿前有宽大的月台（现存唐代建筑殿堂前均无月台，仅此一例）。整座建筑比例匀称，造型稳健庄重，体现唐代木结构建筑雄浑稳重的独特风格。

殿内佛坛宽大，长 8.4 米、宽 6.3 米、高 0.7 米，占了半室，坛上有唐代彩塑 17 尊，主像释迦牟尼佛，体形高大，坐于束腰须弥座上，弟子、菩萨、天王等分列两侧，塑像比例适中、面容丰润、神态慈祥、衣纹流畅，与敦煌石窟中唐塑神形相似，为唐代雕塑艺术珍品。

五台山显通寺

显通寺坐落在中国四大佛教圣地之一的山西省五台山腹地台怀镇上。它是五台山众多寺庙中最大、最古老的一座。该寺历史悠久，珍贵文物很多，是佛教圣地中的一颗明珠。

河南洛阳白马寺，是中国始建年代最早的一座佛寺，被人们称为"释源"。而显通寺的初建时间，可以和白马寺相比。

据记载，显通寺始建于汉明帝永平年间，略晚于白马寺数年，所以有人把它列为中国的第二座古寺。这座寺庙，初名大孚灵鹫寺。北魏时有所扩建，因前院有花园，又称花园寺。唐太宗时重建，易名为大华严寺。明太祖朱元璋时重修，赐额"大显通寺"，明成祖朱棣赐名为"大吉祥显通寺"，明神宗朱翊钧再赐匾额为"大护国圣光永明寺"，简称永明寺。清康熙二十六年（1687年），再改名为大显通寺，直到今天。

　　显通寺是五台山寺庙群中最大的一座寺庙。全寺占地面积43700平方米，现有大小房屋400多间，且大多为明、清时期的建筑。殿堂、厢房布局严整，中轴线分明，配殿左右对称。布列于中轴线上的主要殿宇7座，从南到北，依次为观音殿、大文殊殿、大雄宝殿、无量殿、千钵文殊殿、铜殿、藏经楼。此外，还有钟楼、僧舍和各种配殿。

　　显通寺各大殿保存完好。观音殿，又名南殿。殿内，中间供着观音菩萨像，左右供着文殊和普贤菩萨像，所以又称三大士殿。殿内两侧放满了经架，架上置有各种经书，所以又称藏经殿。过去，救助水陆众生的大法会——水

五台山的明珠——显通寺

陆道场也设在这里，所以又叫水陆殿。大文殊殿，是显通寺的第二大殿。五台山是文殊菩萨的道场，各寺庙均以供奉文殊菩萨为主。自然显通寺也不例外。所不同的是，显通寺的大文殊殿内，供着七尊文殊菩萨像：正中的为大智文殊；前面的五位，从左至右，依次为西台狮子文殊，南台智慧文殊，中台孺者文殊，北台无垢文殊，东台聪明文殊；大智文殊后面是甘露文殊。此外，文殊像前有护法神韦驮像，两侧有十八罗汉像。大雄宝殿是显通寺的第三重大殿，殿内供着三世佛像：中为释迦牟尼佛，西为阿弥陀佛，东为药师佛；两旁有十八罗汉像；背后有观音、文殊、普贤三尊菩萨像。

长期以来，在五台山寺庙群中显通寺之所以特别引人注目，除了它历史悠久、香火旺盛外，寺内珍藏着许多历史上遗留下来的珍贵文物，也是一个重要原因。比如，在挂着"大显通寺"匾额的山门外两侧，各有一座石碑，石碑上摹仿龙形和虎形，分别写着"龙""虎"两个大字。寺庙中用龙虎把守大门，甚为奇特。而这两座石碑又是唐代的遗物，弥足珍贵。在大文殊殿前有两座碑亭，亭内的石碑也比较特殊，一座是无字碑，另一座是有字碑，有字碑是清朝康熙皇帝的御笔。藏经楼内，收藏的各种文物那就更多了。在这里，有北魏时期铜铸的旃檀佛像，有北宋开宝年间刊刻的雷峰塔藏经，有明代人绘制在菩提树叶上的十八罗汉像，有杨五郎使用过的兵器——81 斤重的铁棍……然而，在显通寺内最珍贵也是最值得一看的文物，却是千钵文殊铜像、铜殿和铜塔、无量殿、华严经字塔和大铜钟。

千钵文殊铜像，供奉在千钵文殊殿内。这尊铜像，造型奇特，上叠五个头像；胸前有手六只，其中的两只捧着一个金钵，钵内坐着释迦牟尼佛，背后向四周伸出一千只手，每只手上都有一个金钵，每个钵内都有一尊释迦牟尼佛。所以，这尊铜像又被叫作千臂千钵千释迦文殊像。这尊像金光灿烂，铸于明代，全国少有。

铜殿和铜塔，也是全国罕见的文物。铜殿高 8.3 米，宽 4.7 米，深 4.5 米，是明朝万历年间用铜 10 万斤铸成的。殿内四壁铸满了佛像，号称万佛；铜殿隔扇的外壁，铸有各种图案和花卉鸟兽，如玉兔拜月、丹凤朝阳、二龙戏珠等，非常精致。铜殿前原有铜塔 5 座，暗含五台之意，现仅留下两座，八面 13 层，玲珑秀丽，引人注目。

无量殿面阔七间，进深四间，四壁全用青砖砌就，殿顶用方木砌就。殿内无大梁、无立柱，殿外无廊檐，因此人们又叫它无梁殿。殿内壁上有走廊一圈，有梯道可上。在走廊的任何一个部位均可看清全殿面貌。这是五台山各寺庙中的一座特殊建筑，在全国也不多见。此殿又叫七处九会殿，因为释迦牟尼成佛之后讲解《华严经》，在七个地方讲了九次才讲完。为纪念佛祖的这项佛事活动，殿前正面每层部辟有七个阁洞。殿内正中供奉着卢舍那佛，背后供着弥勒佛。

华严经字塔陈列在藏经楼内。这座字塔是用蝇头小楷字组成的。在长一丈八尺、宽六尺的黄绫和白绫上，写有《华严经》80 卷，60 余万字。这是清朝康熙年间苏州许德心用 4 年时间设计、8 年时间书写完成的作品。

大铜钟悬挂在显通寺的钟楼内。这口钟铸于明朝万历四十八年（1620年），重 9999.5 斤。为什么不铸成 10000 斤呢？这是为了忌讳皇帝"万岁"的"万"字。这口钟名叫幽冥钟。钟的外部，铸有楷书佛经一部，共一万余字。因为敲击时钟声绵长，传播深远，所以人们又把此钟叫作长鸣钟，也称为长命钟。显通钟声，历来是五台山梵宇佛国的一个标志，向来为人们所称道。

五台山塔院寺

山西省五台山的塔院寺，是以塔命名的佛教寺院。因寺院中有释迦牟尼舍利塔、佛足迹图碑和五台山教主文殊菩萨的发塔，被佛教信徒视为圣地。又因释迦牟尼舍利塔即藏式大白塔，造型优美，加之处于五台山的中心台怀镇，四周分布着寺庙，所以它便成了中国四大佛教圣地之一——五台山的标志。

在历史上，塔院寺和它旁边的显通寺原为一座寺庙，这里就是原寺庙的塔院。明朝万历七年到十年（1579—1582 年），对寺院的殿宇进行了改建，让它和显通寺分开，成为一座独立的寺院，并取名为塔院寺，直到今天。

塔院寺平面呈正方形，占地面积 15600 平方米。全寺有殿堂、房舍 120

五台山的标志：塔院寺

余间，大体上可以分为左、中、右三个院落。主要建筑有山门、天王殿、大雄宝殿、大白塔、藏经楼，以及禅堂院、文殊发塔院和山海楼、伽蓝殿、祖师殿等。天王殿内供着观音菩萨像，背后立着一座法令碑，再后才是护法神韦驮像。两旁是四大天王的塑像。大雄宝殿又叫大慈延寿宝殿，殿中供着释迦牟尼佛和文殊、普贤菩萨像，两旁是十八罗汉像。清朝康熙皇帝题写的"景标清汉"匾、乾隆皇帝写的"揽妙曼云"匾、嘉庆皇帝写的"尊胜法幢"匾，均挂在大雄宝殿内。

　　藏经楼，又叫藏经阁或大藏经阁，在大白塔的后面。藏经楼为二层楼房，面阔五间，内供释迦牟尼佛、阿弥陀佛、药师佛、迦叶佛等佛像九尊。楼内还有远近闻名的转轮藏。转轮藏是一种木质的六角形经架，高 10 余米。经架共有 21 层，每层上面部分成许多小格，以存放经书。转轮藏的最下层底下装有转盘，可以转动。转轮藏象征着佛教的"法轮常转"。因为上面放有许多经书，僧人和信徒每转动一次，即象征着又念了一遍经。现在，这座楼内藏有各种经书 2 万多册，其中有汉文经书，也有蒙文和藏文经书。

塔院寺中最值得介绍的有两个塔，即大白塔和文殊发塔。

大白塔，全名叫释迦牟尼佛真身舍利塔，又叫大慈延寿宝塔。

据记载，唐朝以前这里就有一座二层八角塔，以后毁掉了。元朝大德五年（1311 年）又修建了藏式石塔。明代永乐五年（1407 年），建大白塔，并将元代石塔、释迦牟尼舍利塔藏在大白塔内。

大白塔状如覆钵，为喇嘛塔的造型，通高 56.4 米。全塔各部粗细相间，造型优美。塔刹为风磨铜制成，塔身为砖砌，须弥座为石建。须弥座的南面有三个很浅的石洞。右边的石洞中立有佛的迹像碑，碑上有释迦牟尼的双足迹印图。这是佛的圣迹。左边的石洞内有康熙年间的修塔记事碑。塔的垂檐和束腰上均挂风铃，全塔上下共有风铃 252 个。每当清风吹来，风铃当当作响，悦耳动听。此外，塔的下层塔殿内，有释迦牟尼、文殊、普贤、观音、地藏王菩萨像。塔殿外围的长廊中，有铁皮法轮 115 个。

文殊发塔，又称小白塔，在大白塔的东面。据说，早在北魏时期，文殊菩萨为宣传佛道平等，曾化作贫妇到寺乞斋，随后留下了一把头发。为此，五台山和尚便建塔藏发，不时叩拜。文殊发塔高 2 米多，虽不及大白塔雄伟，但因供奉着五台山教主文殊菩萨的头发，前来拜塔的僧人、香客仍然不少。

在发塔院的东南，还有一座城楼式的建筑。这座在石洞上面建造的三间楼房，在明代叫青峰阁，清朝改为青龙楼，后又改名为山海楼。这是塔院寺存放杂物和书籍的地方，也是一个登高望远的处所。

1948 年，毛泽东、周恩来等东渡黄河，挺进河北的途中，路过五台山时曾在塔院寺住过。如今，塔院寺的方丈院已被辟为毛主席路居陈列馆。馆内有毛主席、周总理和任弼时同志等的卧室，室内陈列着当年的床铺、桌凳、笔墨等的复制品。

五台山菩萨顶

菩萨顶位于山西省五台山台怀镇的灵鹫峰上，是五台山 10 座黄庙（喇嘛庙）中的首庙。由于它的建筑雄伟、金碧辉煌，远看好似西藏拉萨的布达拉宫，因此人们又把它叫作喇嘛宫。

菩萨顶是满族语言的叫法，意思是文殊菩萨居住的地方。

菩萨顶历史悠久，到了清朝，它实际上成了皇室的寺庙，地位极其尊贵。

据记载，菩萨顶始建于北魏孝文帝时期，初名大文殊院。到了唐朝，据说文殊菩萨曾在这里显圣，露出了真容，便将寺名改为真容院。北宋时重修，并铸铜质文殊像1万尊，供奉在寺内。南宋时改建，并将此寺易名为大文殊寺。明朝永乐初年，始有菩萨顶的称谓。万历九年（1581年），又对该寺进行了重修。到了清代，由于皇帝崇信喇嘛教，顺治十七年（1660年），遂将菩萨顶由青庙（和尚庙）改为黄庙（喇嘛庙），并从北京派去了住持喇嘛。清康熙年间，又敕令重修菩萨顶，并向该寺授"番汉提督印"。从此，按照清王朝的规定，菩萨顶的主要殿宇铺上了表示尊贵的黄色琉璃瓦，山门前的牌楼也修成了四柱七楼的形式。这在五台山是绝无仅有的，在全国范围内也不

五台山菩萨顶的外观

多见。自此以后，菩萨顶成了清朝皇室的庙宇。康熙皇帝先后到菩萨顶朝拜了五次，乾隆皇帝朝拜了六次。菩萨顶山门外木牌楼上的"灵峰胜境"，文殊殿前石碑坊上的"五台圣境"，是康熙皇帝亲笔题写的。菩萨顶东禅院内两座高3米、宽1米的四棱碑上，用汉、满、蒙、藏四种文字刻写的碑文，则是乾隆皇帝的御笔。

菩萨顶的建筑布局很有特色，且主要殿宇外观似皇宫，而内部布置却又具有浓烈的喇嘛教韵味。

因为菩萨顶在灵鹫峰上，从峰下仰望，菩萨顶前108级陡峭的石阶，如悬挂在空中的天梯，上面是梵宫佛国，琼楼玉宇。爬完石阶，平台之上立着一座四柱三门的木牌楼。牌楼两旁竖着两根高高的旗杆。牌楼之后是山门。山门两边厢房的红墙上，分别开着圆形窗户。有人说这种布局恰似龙头：牌楼的正门是龙口，旗杆是龙角，厢房壁上的圆窗是龙眼，而那长长的108级石阶，则是龙吐出的舌头。这几句话，形象地概括了菩萨顶山门前的布局特点。

菩萨顶现在占地面积9160平方米，有殿堂僧舍等大小房屋100余间，且均为清朝康熙年间的建筑。全寺建筑大体上可以分为前院、中院、后院三个部分。中轴线上的主要建筑有山门、天王殿、大雄宝殿、文殊殿等。两旁，对称地排列着钟楼、鼓楼、禅院等。主殿居中，高大雄伟；配殿位居两侧，左右对称。全寺建筑的布局不但中心突出，而且壮观恢宏，加之红柱红墙，金色琉璃瓦，更显得金碧辉煌，富贵豪华。其形态，其气魄，一点也不逊于皇家宫室，真是一派佛国仙境的景象。

菩萨顶各主要大殿的布置和雕塑，具有浓烈的喇嘛教色彩。面阔七间的大雄宝殿内，后部供着毗卢佛、阿弥陀佛和药师佛，前面则供着喇嘛教黄教创始人宗喀巴像。文殊殿内的文殊像，与一般佛教寺庙（青庙）内的文殊菩萨像不同，它是按喇嘛教的经典规定制作的：头取旁观势，腰取扭动势，发取散拨式，同时身挂璎珞，显得特别活泼、生动。两侧墙壁上，还挂着唐卡——绘在布上的藏画。另外，大雄宝殿、文殊殿的柱头上，还挂着桃形小匾，上写梵文咒语。这些，都是喇嘛教寺庙建筑装饰中所独有的。

值得一提的是，文殊殿还有滴水大殿之称。

过去，文殊殿有一块檐瓦，无论春夏秋，也无论阴晴雨，总是往下滴水。时间长了，文殊殿前的一处阶石上面成了蜂窝状。什么原因呢？有人说，这是文殊菩萨灵验，广施雨露的缘故。实际上，这是建筑上的一种巧妙设计。过去，文殊殿的琉璃瓦上留有小孔，瓦下有储水层，储水层下又有防漏设施。每当雨天，雨水透过琉璃瓦孔而存于储水层内。在阴天或晴天时，储水层中的水便慢慢地从檐瓦滴下。以后，由于文殊殿在翻修施工时，不知保护殿顶存水的奥秘，如今已不再滴水了，实在可惜。

此外，菩萨顶内还存有许多文物。这些文物中，有几件比较稀奇，而且还有趣闻。

菩萨顶后院正房内存有四口大铜锅。这些锅是过去菩萨顶在每年农历的正月、四月、六月、十月和腊月举办佛事活动时煮粥用的。其中最小的一口锅，直径即近2米。据说，有一个冬天，小和尚去刷洗铜锅爬不出来，最后还是搭上木梯才把他拽出来的。菩萨顶山门外的两座石狮中有一头没有舌头。这是少有的石雕作品。据说，在清朝康熙年间重修菩萨顶时，早上的粥总是不够吃，火头僧发现，锅内的粥被石狮偷吃了，于是便在粥锅内放上一把利刀，待石狮偷粥吃时，刀把舌头割下来了。在菩萨顶前院的西配殿里，还有一尊泥塑文殊菩萨像，也是饶有风趣的佛教文物。过去，这尊文殊菩萨像的右肩上还带着一支箭，据说还是乾隆皇帝射的。如今肩上的箭没有了，但乾隆皇帝给它的封号"带箭文殊"依然流传至今。

五台山罗睺寺

坐落于中国四大佛教圣地之一、山西省五台山腹地台怀镇上的罗睺寺，以"开花现佛"、松塔和制作特别的文殊菩萨像著称。

据记载，罗睺寺始建于唐代。据说，文殊菩萨曾在这里落脚，还曾讲经说法，并有神灯出现，于是，人们便把这座寺庙叫作落佛寺。经宋、元两代，至明代成化年间，落佛寺得以重建，弘治五年（1492年）重修，万历年间再度重建。清朝顺治、康熙时，落佛寺由青庙（和尚庙）改为黄庙（喇嘛庙），

五台山罗睺寺

寺名也被改为罗睺寺了。

据佛经记载，释迦牟尼出家之前，曾娶妻生子，其子名叫罗睺罗。罗睺罗15岁时随父出家，并成了释迦牟尼的十大弟子之一。罗睺是罗睺罗的简称。用其作为庙名，意即这里是普度众生的地方。

罗睺寺占地面积15700多平方米，包括旗杆院和禅院在内，共有院落六个，房屋一百余间，其中有殿堂十六间。中轴线上的主要建筑有天王殿、文殊殿、大佛殿和藏经殿。此外，还有山门、客堂等建筑。

罗睺寺内最吸引人的地方，是藏经殿（也叫后殿）内的"开花现佛"。"开花现佛"是一组木结构的装置。从外表看，藏经殿中央有一朵高达3米的木质莲花，花茎连着一个圆盘，盘上刻绘着粼粼水纹，上塑十八罗汉像。圆盘周围的台面上，有24尊神像，台的四角有四大天王像，构成了一个威武雄壮的护法阵营。莲花内有四尊背靠背、面向四方的阿弥陀佛像。莲茎又连着下面的木制连动构件。当连动构件向某一个方向转动时，莲瓣徐徐张开，莲中的阿弥陀佛像便显露了出来。当连动构件向另一个方向转动时，莲瓣便慢慢合拢，呈苞状，莲中的阿弥陀佛也就看不到了。莲瓣呈红色，阿弥陀佛呈金黄色，花开佛现时，煞是好看。喇嘛教的信徒们，均以到此看到莲花内的佛像为乐事。因为在他们的心目中，这表示了吉祥，表示了他们与佛有缘。

松塔，又叫文殊塔，在罗睺寺山门的东侧。据说，过去这里有一棵松树，十分高大，曾经是文殊显圣的地方。以后，人们把松树砍倒，做了文殊菩萨像的塑柱。为了纪念文殊菩萨，人们把这棵树的树枝、木屑埋在地下，上面建了一座高约3米的砖塔，在塔的圆肚凹陷内，还塑了一尊文殊菩萨像。这就是今天人们看到的松塔（或文殊塔），深受信徒们的崇拜。

在文殊殿里，有一尊文殊菩萨骑狮像。这尊神像有两个特点：第一，这尊菩萨像是用上面所说的松木雕就，再抹泥、贴金塑成的，制作方法比较特殊。第二，这尊文殊像具有浓烈的喇嘛教色彩。比如，一般佛寺中的文殊像面部贴金，为黄色，而这尊像的面部为乳白色。这尊文殊像的两肩有肩花，左右肩花上分别放着经书和智慧剑。这是一般佛寺文殊像中不曾有的。另外，这尊文殊骑的青狮卧在莲花上，而一般佛寺中文殊骑的青狮立在或卧在砖台上。

除此而外，罗睺寺内四大天王、供养菩萨和其他一些神像的颜面、身姿、着装以及手持的法器，还有其他供品，也都是按喇嘛教教义的规定制作的，充分体现了喇嘛教和喇嘛教寺庙的特点。

罗睺寺的山门外，还有五台山唯一的一对唐代石狮，雄壮浑厚，亦很珍贵。

五台山金阁寺

金阁寺距五台山中心台怀镇15公里，位于五台山南台和中台交界处。除了建于五台山之上的寺庙外，金阁寺是海拔最高的一座寺庙。该寺占地面积约21000平方米，有殿堂僧舍约160间。全寺的建筑布局分为前、后两院，其间以石洞相通。前院的主要建筑是观音殿，后院的主要建筑是大雄宝殿。观音殿面阔五间，为二层。殿内供奉着一尊高 17.7 米的千手观音像。这尊菩萨像内为铜铸，外敷一层薄泥，再贴金，神态慈祥。用这种手法制作的如此巨大的观音菩萨像，这不仅在五台山是独一无二的，就是在全国也是少有的。大雄宝殿正中供奉着释迦牟尼佛，其左右分别供着药师佛和阿弥陀佛，两厢为十八罗汉的塑像。

在前院和后院中间有一排二层房屋。下层 19 间为石券窑洞，位于中间的一洞是前后两院的通道，其余的窑洞是众僧们的住所；上层的 19 间是木结构房屋，为毗卢殿、地藏王殿、药王殿、五百罗汉殿、送子观音殿等。

金阁寺始建于唐朝。关于它的初建和命名还有一段美丽的传说。相传，唐玄宗开元二十四年（736 年），有一位法号叫道义的高僧到五台山礼佛，当走到南台与中台交界处时，大风突起，道义和尚便就地而跪、叩头诵经、求佛保佑。过了一会儿，有一个小童来到道义和尚面前，说师父有请。于是道义和尚随童子一道去拜见长老。当跨入长老所在的寺院时，眼前一片辉煌，殿堂、墙壁全为金色。长老所赐茶水异香扑鼻。茶后，童子领道义和尚参观寺庙，道义和尚被寺内的各种景色迷住了，陶醉了；待他定神再寻时，童子、长老、寺院及刚才眼前的一切美丽景象都没有了，只是那金碧辉煌的殿宇形象还深深地印在脑海中。随后，道义和尚将脑海中寺庙的形象描绘下来，献给唐玄宗。唐代宗大历五年（770 年），当时的皇帝李豫下诏，旨令从印度来的三藏法师不空，按照道义和尚所留下的图纸在五台山修建了一座寺庙。因寺庙的殿堂屋顶全铺镏金铜瓦，因此寺庙就取名为金阁寺。

五台山广仁寺

广仁寺是中国四大佛教圣地之一，位于山西省五台山腹地台怀镇，规模较小，布局却很严整。寺中存有藏文大藏经《甘珠尔》，非常珍贵。

广仁寺与罗睺寺仅一墙之隔。它的创建原因与别的寺庙不同。

清朝康熙年间，罗睺寺由和尚庙（青庙）改为喇嘛庙（黄庙）之后，从甘肃、青海、内蒙古等地来五台山朝拜喇嘛庙的藏族、蒙族信徒日益增多。

独特的五台山广仁寺

这时，罗睺寺便辟出一块地盘，修房盖屋，接待他们。到了道光年间，人们就把罗睺寺的接待处修建成了一座寺院，这就是广仁寺，也叫十方堂。十方，是指东、南、西、北、东南、西南、东北、西北、上、下十个方位，意即四面八方、天上地下全都包容在内。顾名思义，十方堂即是接待四面八方来客的地方。广仁寺意即广施仁慈，和十方堂含义相同。

广仁寺占地面积 3600 平方米，有殿堂房舍 50 余间。全寺有院落三重。第一进院落中有钟楼、鼓楼，主殿为天王殿；第二进院落的主殿为文殊殿，又叫宗喀巴大师殿；第三进院落的主殿叫大佛殿，又叫弥勒殿。这三重院落的两旁是二层楼房，为接待四方信徒之处所。所以，广仁寺规模虽不大，布局却很严谨，中轴线分明，左右配房对称。

然而，广仁寺内又具有浓烈的喇嘛教寺庙的特色。从殿外的装饰看，天王殿的正脊上，两鹿相对，中立法轮，这在汉族地区的和尚庙（青庙）大殿的装饰中，是少见的。从殿内布置看，文殊殿内供着喇嘛教黄教始祖宗喀巴的铜像，且头戴尖帽。两壁的木格上亦放着宗喀巴的小铜像，号称千尊。大佛殿内，正中供着弥勒佛铜像，两壁的经架上放着藏文经书《甘珠尔》和《丹珠尔》。《甘珠尔》记载着佛说的经律，《丹珠尔》是佛的弟子和祖师们的著作，因此以《甘珠尔》最为珍贵。因为广仁寺是喇嘛庙中主修密宗的寺庙，所以寺内还有许多铜铸的牛头佛、马面佛、双身佛（或叫欢喜佛、欢喜金刚）等。

五台山龙泉寺

在山西省五台山的寺庙群中，有一座由家庙改成的佛教寺庙。这座寺庙山门前的石牌楼雕刻精美，很有名气。它就是龙泉寺。

龙泉寺坐落在五台山中台山麓，离台怀镇五公里。四周有九条山脊环抱，状似九龙嬉戏，人称九龙岗。寺东沟内有山泉一眼，清沏如玉，人称龙泉。龙泉寺便因此泉而得名。

龙泉寺始建于宋代，原为杨家将的家庙。明朝时重修，清末、民国初期扩建，成为南山寺的下院。寺内建筑均为清朝和民国时期的遗物。

龙泉寺占地面积 15900 多平方米，共有房屋 160 余间，其中有殿堂 14 间。

龙泉寺的建筑，大体上可分为横向排列的三组院落。院落之间有门相通。这种布局在五台山寺庙群中并不多见。

东院是龙泉寺的主院。院中纵向布列三座大殿。前为天王殿，内供弥勒佛，背后是韦驮像，两旁为四大天王像，以及哼、哈二将和降龙、伏虎罗汉塑像。中为观音殿，内供观音、文殊、普贤三大士像，两侧为十二圆觉的塑像。后为大雄宝殿，内供释迦牟尼佛、药师佛和阿弥陀佛，两侧为十八罗汉像。中院的建筑亦分为三层，即门殿、宗堂殿、祖师堂。最后一座小院中间，屹立着藏式汉白玉石塔一座。这是南山寺第一代住持和尚普济的墓塔。塔基为四方形，塔下须弥座为八角形。全塔布满雕刻，有小佛像一百余尊。圆形塔肚上，刻着一部《般若心经》。因普济和尚自称是弥勒佛转世，所以在塔肚东南西北四面的拱形门内，还刻有弥勒佛像。同时塔上还刻有普济和尚少年、青年、中年、老年时代的图像。西院中也有一座塔，用青石料修筑，规模比普济塔略小。这是南山寺第二代住持岫净文公的墓塔。

龙泉寺最为引人注目的，是矗立于 108 级石阶之上，山门外的汉白玉石牌楼。这座四柱三门的石牌楼，是山西定襄县宏道镇的胡明珠等用了 6 年时间（1916—1922 年）刻成的。牌楼上有楼头，有拱券，有端庄的佛像，有生动的鸟兽，有繁茂的花卉，有累累的珍果。据统计，这座牌楼上有蟠龙 89 条，柱础石墩上有狮子 20 只。牌楼上的各种图案不但精美，而且刻工细致。花蕊、草叶，细如发丝，薄如轻纱；走兽、飞鸟，生动活泼，呼之欲出。这是一件不可多得的艺术珍品。

石牌楼后，有一对石狮；石牌楼两侧，有石幡杆；石牌楼和石狮之后，还有石拱桥；地面上铺着平整的石板。龙泉寺山门前是一片石砌、石雕的艺术世界。

龙泉寺 108 级石阶底部，有一座青砖照壁。照壁上镶嵌的一块汉白玉石雕，可看作是五台山主要寺庙示意图。石雕图案中有松树，有小径，有石塔，有楼阁，有大殿，也有石窟。这些图案分别代表着五台山中的诸多寺庙，如中心庙群、演教寺、龙泉寺、佛母洞、栖贤寺、观音洞等。这也是一件很不错的石雕艺术品。

龙泉寺北约 500 米处，有一座令公塔。这是北宋著名将领杨业的葬骨塔。杨业死后，被追封为太师中书令，所以将其塔称为令公塔。塔为砖砌，三级六角，通高约 15 米。塔旁有杨令公墓碑记。

呼和浩特大召寺

大召寺又名银佛寺。大召是蒙古语"伊克召"的意译。位于内蒙古自治区呼和浩特市玉泉区大召前街。此寺因保存着全国少有的释迦牟尼银佛像和曾经住过喇嘛教黄教首领，供奉过皇帝牌位，而闻名全国。

大召寺始建于明万历七年（1579 年），赐名弘慈寺。崇祯十三年（1640 年）重修，更名为无量寺。清康熙三十六年（1697 年）扩建，并将主殿改铺黄色琉璃瓦。光绪年间（1875—1908 年）增绘壁画，后经多次维修，使寺庙保存完好。

闻名全国的大召寺

大召寺占地 3 万平方米。寺内重要建筑有山门、天王殿、菩提过殿、经堂和佛殿等。佛殿是大召寺的主殿。殿中供奉着三世佛像。其中释迦牟尼佛像是用银铸成的，旁边有观音及其弟子的神像，前面有宗喀巴、达赖三世和达赖五世铜像。

明代万历十四年（1586 年），当大召寺的银佛像铸成时，达赖三世前来主持开光仪式，并住在召内的佛爷府中。清顺治九年（1652 年），达赖五世前往北京，也在召内的九间楼住过。康熙二十四年（1685 年），全国喇嘛教管理机构印务处设于召内。康熙三十六年（1697 年），在银佛像前增设"皇帝万岁"金制牌位和宝座。上述种种，使大召寺的地位空前提高，声名大振，享誉全国。

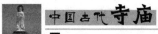
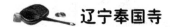 辽宁奉国寺

奉国寺在辽宁省义县城内东街。寺内拥有我国现存最大的辽代单层木结构建筑物，闻名遐迩。寺内的辽代彩塑和元代壁画，亦很珍贵。

奉国寺始建于辽代开泰九年（1020 年），初名咸熙寺，后改名为奉国寺。因大殿内有 7 尊高达 8 米以上的大佛，因此又称大佛寺、七佛寺。

历史上的奉国寺，殿宇宏伟，规模很大。据元朝大德年间的碑文记载，当年的奉国寺，"宝殿崔嵬，俨居七佛；法堂宏敞，可纳千僧。飞檐耀日以高撑，危楼倚云而对峙……旁架长廊三百间……"之后，由于年代久远，加之战火的破坏，奉国寺损毁严重。时至今日，奉国寺内的辽代建筑，就只剩大雄殿一处了。而中轴线上的其他建筑，如山门、牌楼、无量殿，大雄殿的西跨院，也称西宫，则是清朝重建或增建的。

大雄殿坐落在 3 米高的月台上，面阔 9 间 48.2 米，进深 5 间 25.13 米，高 21 米，面积 1824 平方米。这是我国现存最大的辽代单层大殿。殿内有立柱 20 根，殿外有檐柱 28 根。梁枋、斗拱上描绘的流云、飞天、花草，白石灰岩柱础石上刻制的牡丹花、莲花等，均是辽代的作品。大雄殿的中间，供着 7 尊佛像，从左至右依次为迦叶佛、居留孙佛、尸弃佛、毗婆尸佛、毗舍浮佛、拘那舍牟尼佛、释迦牟尼佛。加上须弥座的高度，正中的毗婆尸佛像高达 9.5 米，其余的佛像高度都在 8 米以上。每尊佛像前，都有两尊胁侍菩萨像。7 尊佛像的两端，还各有一尊天王像。佛像之前的供桌上，有石供器 21 件；大殿两侧，立有金、元、明、清时期的维修寺庙的石碑 11 座；大殿的后门处，有明代万历三十一年（1589 年）塑造的观音像一尊。大雄殿四壁，绘满了壁画。这是元代遗留下来的作品。

无量殿面宽 20 米，进深 16 米。殿内供有檀木雕刻的万寿佛像 1 尊，东西两壁上绘有四大天王像。

"大雄宝殿势威雄，今昔人称建筑崇。庙貌盛传关内外，工程直甲郡西东。"这首古诗便体现了人们对奉国寺的赞美和颂扬。

辽宁龙泉寺

　　龙泉寺在辽宁省千山北沟的山腰上，西距鞍山市 20 公里，是千山风景区中景色宜人的风景点之一。

　　因无史料记载，龙泉寺的初建时间不详。据传说，此寺在唐朝时就已经有了。有人说，当年唐太宗到千山，饮用了这里的泉水，因泉水甘甜适口，故名龙泉，寺庙就随之叫作龙泉寺了。也有人说，寺后的泉水流经寺内，蜿蜒如龙，所以就叫龙泉寺。寺内的碑文明确地记载着，明朝嘉靖三十七年（1558 年）、万历二十一年（1593 年），都对该寺有所修建。寺内现有建筑，多为明、清重新修建的遗物。

　　龙泉寺现有大小建筑 20 幢左右。主体建筑坐落在山腰的平台上。平台分

山腰上的辽宁龙泉寺

为三层。第一层有法王殿、斋堂、客堂；第二层为观音庙和东、西配殿；第三层为大雄宝殿。这组建筑布局严谨，中轴线分明。其余建筑，山门、钟楼、鼓楼、藏经阁、弥勒殿、韦驮殿、毗卢殿、西阁、后殿、僧房等，则依山形地势，高低错落地分布在主体建筑群的四周。

龙泉寺的山门有两道。第一道山门建于明代万历九年（1581年）。门额上大书"敕建龙泉"四个大字，背面挂着"法轮永镇"的匾额。第二道为石门，上书"古刹龙泉"四字。法王殿内有弥勒佛像和四大天王像。最为奇特的是，弥勒殿内的弥勒佛像，坐南面北，人称倒坐弥勒。弥勒佛像为什么这样安置呢？据说，龙泉寺的"风水"是很好的，只是因为北面有一个山口，易跑"风水"。为了保住龙泉寺的好风水，便让弥勒佛面北而坐，永镇北门。

群山环抱着的龙泉寺，环境清幽，风景美丽，奇峰秀石，引人入胜。山门外，有一个1959年开凿的人工湖，青山拥碧水，人称碧水龙潭，是龙泉寺的第一个景点。九层古塔下埋葬着龙泉寺历史上著名法师悟沏的灵骨。悟公塔院，便成了龙泉寺的第二个景点。这里的山峰，有的如象鼻，有的如锦瓶，有的如海螺；这里的石头，有的如讲台，有的如乌龟，有的如卧狮，还有如石杵，高高耸立，直插蓝天。此外，还有石洞、奇松，散布其间，景色秀丽。人们给这些美景，加上了一个又一个的名字：象山晴雪、瓶峰插翠、海螺月夜、讲台松风、龟石朝阳、狮吼钟声等等。现在，人们又在这里修了凉亭，添了茶座、客房，既为美景添新姿，又为来客提供了许多方便。

黑龙江兴隆寺

兴隆寺，又名南大庙、石佛寺，是黑龙江省保存较为完好的清代木结构建筑群。寺内保存有全国唯一的渤海国时期（698—927年）遗留下来的石幢和大石佛，弥足珍贵。

兴隆寺位于黑龙江省宁安县西南35公里处的渤海镇西南部。据记载，这里原有一座渤海国时期的大寺庙，在辽国灭掉渤海国时，寺庙被毁。现存的兴隆寺是清朝康熙初年建成的。重建的兴隆寺在清道光二十八年（1848年）

时被大火烧去了部分殿宇，咸丰五年至十一年（1855—1861年）修复。1949年以后，政府又拨款对兴隆寺进行了维修，使兴隆寺保持着清代的规模。

兴隆寺原有的殿堂楼阁较多，但在漫长的历史岁月中，有些殿堂，如钟楼、鼓楼、禅堂、配殿等，均已先后毁坏。现存的主要建筑有马殿、天王殿、关帝殿、大雄宝殿和三圣殿等五处，气势巍峨，雄伟壮观。

在兴隆寺内最为珍贵的文物有两件，一件是大石佛，另一件是大石幢。这都是渤海国时期的作品，保存完整，艺术价值和历史价值都较高，在全国也无二例。

大石佛坐落在三圣殿内。石佛端坐于莲花宝座上，面目慈祥，反映了工匠们的娴熟技艺。

大石幢又叫石灯幢、石浮屠，坐落在大雄宝殿和三圣殿之间。石幢用玄武岩雕砌而成，原高6.4米，因幢顶已残，现高仅有6米。全幢由塔刹、相轮、塔盖、塔室、莲花托、中柱石、莲花座、底座等九部分组成。顶部如伞形，八角攒尖，刻有屋脊和瓦垅，细致美观。塔室亦为八角体，镂空雕刻成大、小窗口，与塔盖相接处，还雕刻出斗拱，精巧细腻。莲花座和莲花托分别为覆莲式和仰莲式，莲花的花瓣清晰，造型美观。整个石灯幢为一件精美无比的石雕艺术品，是黑龙江省、也是全国文物宝库中的精品。

知识链接

包头五当召

位于内蒙古自治区包头市固阳境内。"五当"是蒙古语柳树的意思。五当召，表示寺庙建于柳树沟内。五当召的藏文名称叫作巴达格勒，意思是白莲花。这是内蒙古自治区规模最大的一座喇嘛庙。1996年，国务院把它列为全国重点文物保护单位。

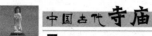

　　五当召建于清康熙年间（1662—1722年）。雍正五年（1727年）扩建。乾隆十四年（1749年）重修。乾隆二十一年（1756年），赐名为广觉寺。现寺内建筑，均为清代遗物。

　　五当召占地面积约300亩，有大小房屋2500余间。全召建筑，可分为六宫、三府、一陵。

　　所谓一陵，就是苏尔盖陵。这是召内历代高僧的灵堂，堂内存放着他们的骨灰。

　　所谓三府，指的是甘珠尔府、章嘉府和洞阔尔府，这是历代活佛的住地。

　　所谓六宫，指的是苏古沁独宫、却依林独宫、洞阔尔独宫、当坎希德独宫、日木伦独宫和阿会独宫。这是喇嘛们念经、拜佛、集会、说法和举行宗教仪式的地方。其中，苏古沁独宫位置最前，也是召内最大的一座建筑物。宫分三层：第一层为经堂；第二层供奉释迦牟尼和宗喀巴塑像；第三层为两座高大的铜制曼陀罗，从上到下依次铸有宫殿、城墙、须弥山和云水图案。此外，在却依林独宫中，有全区最大的弥勒佛铜像。在日木伦独宫中，有全区最大的宗喀巴铜像。这些，都是五当召内最为珍贵的文物。

第四章

华东与中南地区的著名寺庙

　　我国的华东、中南地区的著名寺庙也有很多,像上海及其周边的著名寺庙就有:上海玉佛寺、上海龙华寺、苏州寒山寺、扬州大明寺、镇江金山寺、杭州灵隐寺、普陀山寺庙群、九华山寺庙群等等,这些寺庙以其历史由来和著名佛教人士而蜚声海内外,为我国宗教事业发展做出了不可磨灭的贡献。

第一节
上海及其周边的著名寺庙

上海玉佛寺

上海安远路的玉佛寺，虽然建寺刚满百岁，比起一些千年古刹，显得十分年轻，但却驰名中外。玉佛寺因为供奉着两座玉佛而蜚声海内外。

玉佛寺坐北朝南，殿宇仿宋代建筑形式，三进院落，布局严谨。寺为黄粉墙壁，飞檐耸脊，高大照墙矗立门口，气度非凡。正中山门上悬有

上海玉佛寺的玉佛

"玉佛禅寺"金字匾额，丰腴苍劲。东西偏门分别有"般若""解脱"行书眉额。般若意思是智慧，特指一种可以修道成佛的智慧。解脱指能摆脱种种烦恼的干扰而获得大自在。进了山门，就意味着与凡尘不同的另一重世界展现眼前。

走进山门，天王殿、大雄宝殿、玉佛楼三进主要殿堂排列在中轴线上。大雄宝殿内除释迦牟尼、阿弥陀佛、药师佛佛像外，还有数十尊金光闪闪的佛像，使大殿的气氛热烈、神秘，格外辉煌。释迦牟尼像上方天花板上的藻井，装饰非常华美。漩涡形的条纹图案中，是一幅描绘释迦牟尼降生时的裸体法相，九条腾跃的蛟龙吐水为之洗浴，重彩飞金，光灿夺目。宝殿内五彩

幢幡悬飘，烛光摇曳。殿内金色柱子上均有联语，字里行间蕴含着佛门深意。

玉佛楼佛像是释迦牟尼成道像，高 1.92 米，宽 1.34 米，玉质细腻，晶莹剔透，研磨圆润光滑，线条流畅优美，各部分比例和谐匀称，雕琢精致，巧夺天工。佛面略长而清秀，目凝视而有神，肉髻高凸，眉如新月，双眼半开，向下俯视，鼻梁挺直，双唇紧闭，嘴角微向上翘，仿佛看着眼前的善男信女，带着一种安详、甜美的笑。双耳垂肩，身披的袈裟石镶边，右肩偏袒，右臂戴穿臂钏，上面饰有翡翠、玛瑙、宝石。慈祥、柔美中显得庄严，栩栩如生地表现了释迦牟尼成道时的神态。佛像结跏趺坐，左手作禅定印，表示释迦在菩提树下静虑入定，最后觉悟成佛。右手作触地印表示佛在前生菩萨位时，为众生作种种奉献修种种菩萨行，这一切唯有大地能够证明。玉佛身躯略向前倾，给人一种亲切感。佛身在灯光及背面红色佛光衬托下，显得神圣、高贵。人们看到这尊玉佛，心神豁然，超凡脱俗之感便油然而生。这里清净，配以广漆地板，闪闪发光，有一尘不染之妙。

玉佛寺藏有清代乾隆版《大藏经》一部，另有《大正藏》、《频藏经》、《频伽藏》、藏文《大藏经》等佛典，其数量之巨，名列中国寺院前茅。

上海龙华寺

位于上海市龙华镇黄浦江西侧。此寺以古刹、佛塔和桃花闻名。

关于寺庙的初建时间，众说纷纭，有的说它建于三国东吴赤乌五年（242年），有的说它建于唐垂拱二年（686年），皆无定论。北宋太平兴国二年（977年）重建，治平三年（1066年）更名为宝相寺。明永乐年间（1403—1424年）复名为龙华寺。以后，龙华寺三次为战火所毁，又三次修复。1957年、1979年又两次大修，使龙华寺恢复了旧貌。

龙华寺现有院落五重。中轴线上的主要殿宇有弥勒殿、天王殿、大雄宝殿、三圣殿和方丈室。两侧有钟楼、鼓楼、配殿和厢房。

北宋太平兴国二年修建的龙华塔位于寺南。这是一座八角、七层、砖木结构的楼阁式塔，高40余米。飞檐翘角，风铃有声，玲珑动人。此塔虽经多次维修，但塔基、塔身依旧为宋代原物。

龙华寺内的历代文物很多。在这里，有古代留下的铜、石佛像，有缅甸送来的玉石佛像；有高达 1.6 米的明代铜钟，也有清朝康熙十七年（1678年）刻立的龙凤石幢。然而，立于花园中的北宋宝相寺界石碑，却格外引人注目。碑的正面刻着"宝相寺西南角界石"，侧面刻着"标外枝为大界相"。这是现存龙华寺建于宋代的可靠的历史见证。

从明代起，龙华寺就是这一地区的名胜。从清代道光年间（1821—1850年）起，这里的桃花就远近闻名。现在，寺南的龙华公园内植有桃树数百株，是人们踏春、赏花的一个好去处。

南京灵谷寺

灵谷寺位于江苏省南京市中山陵东 1 公里处。寺内有我国现存最大的无梁殿，引人注目。

此寺始建于南朝梁天监十四年（515 年），初名开善寺，是梁武帝萧衍的女儿永定公主为宝志和尚修建的。唐乾符年间（874—879 年）更名为宝公院。五代后唐改名为开善道场。北宋更名为太平兴国寺。明初改名蒋山寺。后明太祖朱元璋赐名为灵谷寺。清初，寺为战火所毁。康熙、乾隆时重修。在太平天国时期，寺庙再度被战火毁坏。同治、光绪时重修。1928 年，国民政府以无梁殿为中心，修建了国民革命军阵亡将士公墓，并修建了纪念塔——灵谷塔。1949 年后，人们对无梁殿等建筑进行了维修，并将国民革命军阵亡将士公墓、纪念塔和灵谷寺一起，辟为灵谷公园。

灵谷寺的现有建筑主要有无梁殿和龙王庙。在龙王庙中，有大雄宝殿、观音殿等建筑。

无梁殿宽 53 米，深 37 米，高 22 米。全部用长砖砌成。这是我国现存最大的无梁砖殿。殿内殿外，无梁无柱，建筑非常特殊。这是灵谷寺屡遭浩劫而唯一幸存的建筑物。1929 年，国民政府把它变成了国民革命军阵亡将士的祭堂。现在，它是人们前来参观的重点。

灵谷塔就是国民革命军阵亡将士纪念塔，建于 1929 年。八角九层，高 60米。塔内有孙中山先生对黄埔军校同学的演讲词，并有楼梯可以上达，观看周围风景。

南京栖霞寺

栖霞寺位于南京市栖霞山，是我国佛教著名圣地之一，与济南灵岩寺、天台国清寺、荆州玉泉寺并称"天下四绝""天下四大丛林"。

栖霞寺得名于南朝刘宋时期著名隐士明僧绍之号——"栖霞"。栖霞寺后多次易名，曾称"功德寺""徵君栖霞寺""妙因寺""普云寺""岩因崇报禅院""虎穴寺"等等。明洪武二十五年（1392年）朱元璋敕书"栖霞寺"。

栖霞寺前有彩虹亭、白莲池，池形似半月，又称"月牙池"。池周新增汉白玉栏杆，与水相映成趣。寺门上横嵌"栖霞古寺"四个大字。

入寺门，即可见弥勒殿；过弥勒殿，是金碧辉煌的毗卢殿，重檐九脊，高大雄伟，殿内佛像制作精美，各有姿态。另外，寺中还有藏经楼、摄翠楼等建筑，以及千佛岩、舍利塔、大佛阁、明徵君碑等胜迹。其中最著名的是舍利塔。

舍利塔位于大佛阁右侧。始立于隋文帝仁寿元年（601年）。文帝笃好佛教，他在取代北周统治之后，改变周武的灭佛政策，大力复兴佛教。文帝未登皇位之前，曾从天竺僧人手中得到佛舍利一包，即位后便先后三次令全国各州建舍利塔分置安放，共立塔110所。栖霞寺的舍利塔就是当时第一批建立的30座舍利塔之一。现塔是五代南唐时重修的。该塔是一座八角五层的密檐式塔，全塔用大块的花岗岩分层雕砌而成，高约18米。塔基每边长5.13米。塔身第一层特别高，全部作八角柱形，正面双门紧闭，门上刻铜钉兽环，西面为普贤骑象图；正东、西北、西南和东北四面均雕刻天王像；四天王上又镌飞天之像，极为生动；其背面亦作户门。前后门两旁柱上，刻有《金刚经》四句偈。塔自第二层以上，上下檐间距离颇短，各面均作两圆拱龛，内刻坐佛，下有莲花座，上作璎

天下四绝之栖霞寺

珞花绳。这座塔特别值得注意之处有二：其一是它的形制。栖霞寺舍利塔是目前所知江南地区年代最早的密檐式塔。其二是塔身上的精美雕刻。

舍利塔东面是闻名中外的千佛岩。岩壁前，镌刻着宋朝游九言书写的正楷大字"千佛岩栖霞山"。西壁的无量殿，是修建最早、最大的佛龛。龛正中坐的无量寿佛，身高10.83米，莲座高13.33米，分侍两侧的观音、大势至菩萨线条流畅，结体匀称。塑像衣褶作风颇似大同云冈石佛，但它的开凿却比云冈石窟早17年。千佛岩上的佛像，或一两尊一龛，或三五尊一窟，或十来尊一室，大至数丈，小仅尺许，共700余尊。"千佛岩"是极言其多的称号。

栖霞寺又是唐朝鉴真和尚足迹所至之处，所以在寺内的藏经楼院内专设"鉴真和尚纪念堂"，供奉着1963年日本文化代表团访问南京时赠送的一尊鉴真和尚脱胎塑像，还陈列有鉴真和尚有关史迹资料多种。

《摄山栖霞寺明徵君碑》建于唐上元元年（674年），碑文是唐高宗李治所作，通篇四六韵文，用十首铭词结束；由初唐著名书法家书写，通篇行书，笔画丰润遒劲，其书法既师承了王羲之，又吸取了褚遂良等的笔法，自成一家，是我国保存下来的最早的行书碑刻之一。碑阴有"栖霞"两个大字，相传为唐高宗李治亲题。

1982年，中国佛教协会在栖霞寺开办中国佛学院栖霞分院，栖霞寺名声更振。1988年，栖霞寺舍利塔被国务院公布为全国重点文物保护单位。

苏州寒山寺

"月落乌啼霜满天，江枫渔火对愁眠。姑苏城外寒山寺，夜半钟声到客船。"唐代张继的这首《枫桥夜泊》，给寒山寺增添了无限风韵。清代邹福保写了一副对联，赞曰："尘劫历一千余年，重复旧观，幸有名贤来做主；诗人题二十八字，长留胜迹，可知佳句不须多。"古寺位于苏州阊门外5公里的枫桥镇，始建于梁武帝天监年间（502—519年），初名"妙利普明塔院"。相传唐代天台宗高僧寒山、拾得曾在这里修行，后来拾得东渡日本，寒山成为该寺的住持，故改名为"寒山寺"。此寺多次毁于兵火，现存建筑为清代末年所建。主要建筑有山门、大雄宝殿、藏经楼、碑廊、钟楼以及枫桥楼等。

在藏经楼南侧，有一座六角形重檐亭阁，这就是以"夜半钟声"闻名遐迩的钟楼。关于"夜半钟"的说法，历史上曾经众说纷纭。北宋文学家欧阳修认为唐人张继此诗虽佳，但三更时分不是撞钟的时候。南宋的范成大在《吴郡志》中综合了宋人王直方、叶梦得等人的论辩，考证说吴中地区的僧寺，确有半夜鸣

苏州寒山寺普明塔

钟的习俗，谓之"定夜钟"。如唐代大诗人白居易诗："新秋松影下，半夜钟声后。"唐代诗人于鹄诗："定知别后宫中伴，应听缑山半夜钟。"花间派词人温庭筠诗："悠然旅思频回首，无复松窗半夜钟。"都是唐代诗人在各地听到的半夜钟声。

现今寒山寺里的古钟已非张继诗中所提及的那口唐钟了。甚至明代嘉靖年间补铸的大钟也已不知下落。一说当时"遇倭变"，销熔改铸成大炮；另一说已流入日本，如清代康有为诗云："钟声已渡海云东，冷尽寒山古寺枫。"为此日本国内还曾大力搜寻，但徒劳无功，遂留下千古之谜。如今的大钟为清光绪三十二年（1906年）江苏巡抚陈夔龙督造。巨钟有一人多高，外围需3人合抱，重达2吨。钟声洪亮悠扬，余音袅袅。

僧人撞钟之所以要敲108下，主要有两种含义。一是说每年有12个月、24个节气、72候（5天为一候），相加正好是108，敲钟108下，表示一年的终结，有除旧迎新的意思。二是依照佛教传说，凡人在一年中有108种烦恼，钟响108次，人的所有烦恼便可消除。每年除夕之夜，中外游人云集寒山寺，聆听钟楼发出的108响钟声，在悠扬的钟声中辞旧迎新，祈祷平安。

扬州大明寺

大明寺在江苏扬州北郊蜀冈中峰之上，距扬州市区约3公里，为今日江淮之间第一大寺。该寺始建于南朝刘宋大明年间（457—464年）。隋仁寿元年（601年）建栖灵塔，故亦称栖灵寺或西寺。乾隆南巡时，敕题法净寺。1980年改称大明寺。从蜀冈脚下循山间石级，即可登上中峰。山道古柏林立，

遮天蔽日。走过99级石阶，便见牌楼一座。牌楼用香木精雕而成，四柱三楹，仰如华盖。前题"栖灵遗址"，后署"丰乐名区"。两侧有一对正头巨型石狮。牌楼之上为山门，山门之侧有九株古桧。山门之内为天王殿。殿中设佛龛，前坐弥勒笑佛，背立韦驮菩萨，两边排列着四大天王。佛龛前有楹联：

> 大腹能容，容世间难容之事。
>
> 慈额常笑，笑天下可笑之人。

出天王殿拾级而上，两侧高台，银杏参天。过了高台，便是大雄宝殿，宝殿屋脊嵌宝镜，并悬"风调雨顺"四大字，后悬"国泰民安"四大字。宝殿正坐为药师佛、释迦牟尼佛、阿弥陀佛三世大佛，背面为南海观音及众菩萨像。东西厢为十八罗汉，北厢为禅宗六祖。

大雄宝殿东侧为"文章奥区"，区内有藏经楼、平远楼、晴空阁、栖灵塔、鉴真纪念堂。

栖灵塔为九层四面，高62.4米。塔内供奉缅甸佛教界赠送的玉佛。自底层向上，塔内四周绘有"五十三参"壁画。蜀冈中峰为扬州最高峰。峰上再建宝塔，气势之崇峻，可以想象。历代文人对此留下无数诗章。诗仙李白《秋日登扬州西灵塔》：

> 宝塔凌苍苍，登攀览四荒。
>
> 顶高元气合，标出海云长。
>
> 万象分空界，三天接画梁。
>
> 水摇金刹影，日动火珠光。
>
> 鸟拂琼帘度，霞连绣栱张。
>
> 目随征路断，心逐去帆扬。
>
> 露浴梧楸白，霜催橘柚黄。
>
> 玉毫如可见，于此照迷方。

唐代诗人高适所作《登广陵栖灵寺塔》与李白的诗有异曲同工之妙：

> 淮南富登临，兹塔信奇最。
>
> 直上造云族，凭虚纳天籁。
>
> 迥然碧海西，独立飞鸟外。
>
> 始知高兴尽，适与赏心会。

连山黯吴门，乔木吞楚塞。

城池满窗下，物象归掌内。

远思驻江帆，暮时结春霭。

轩车疑蠢动，造化资大块。

何必了无身，然后知所退。

唐宝历二年（826年），诗人刘禹锡罢和州刺史，诗人白居易罢苏州刺史，二位诗人相会于扬州，携手同登栖灵塔。

刘禹锡作《同乐天登栖灵寺塔》：

步步相携不觉难，九层云外倚阑干。

忽然笑语半天上，无限游人举眼看。

白居易《与梦得同登栖灵寺塔》：

半月悠悠在广陵，何楼何塔不同登？

共怜筋力犹堪在，上到栖灵第九层。

诗人登塔远眺，把酒迎风，抛却了宦海一切烦恼。

镇江金山寺

金山寺位于江苏省镇江市的金山上。金山雄峙在镇江市区西北的长江南岸，山势巍峨，风景优美，有"江南诸胜之最"的美誉。金山寺依山而建，从山脚到山顶，殿宇楼堂幢幢相衔，阶梯成叠，长廊蜿蜒，台阁相接，把整个山密密地包裹起来。远望金山寺，只见金碧辉煌的寺庙建筑群和高

江南美景：镇江金山寺

耸入云的慈寿塔，看不见山，故有"金山寺裹山"之说。金山寺初建于东晋（一说建于晋元帝时）。原名"泽心寺"，唐朝起称为金山寺。宋改名为"龙游寺"，清康熙二十五年（1686年）康熙帝南巡时赐名"江天禅寺"。但民间一般仍称金山寺。

　　游人去金山寺，在远处首先进入视线的是金山塔。金山塔名"慈寿塔"，该塔位于金山之巅，是镇江的标志性建筑。慈寿塔最早建于南朝齐梁时代，原为两座宝塔，南北相对而立，后坍塌。宋哲宗元符年间（1098—1100年）重建，明初再塌。明隆庆三年（1569年），明了法师重建了一座塔，成单塔，后又毁。现存的塔是清光绪二十六年（1900年）修建的，转身木檐，仿楼阁式，高约40米，七级八面，每级四面开门，内有楼梯盘旋而上。每层有走廊和栏杆可凭栏远眺，登塔可俯视金山全景，远眺长江及诸山之胜。宋代著名诗人王安石有诗赞金山塔曰："数层楼枕层层石，四壁窗开面面风。忽见鸟飞平地起，始惊身在半空中。"清代在承德修建避暑山庄时，仿金山塔形制在湖中小岛建了一座塔，称为"小金山"。

　　金山寺现存建筑主要有天王殿、大雄宝殿、藏经楼、留宿处、念佛堂、紫竹林、方丈室等，各类建筑傍依山根，通过回廊、回檐、石级有机串连，形成楼外有阁、楼上有楼、阁中有亭的精巧布局。妙高台、七峰顶、棱伽台等联缀山腰；留玉阁、大小观音阁围绕山顶；全寺设计精巧，层次分明，令人赏心悦目。

　　传说南宋抗金英雄岳飞被奸臣秦桧用十二道金牌召回杭州，途经镇江时，曾夜宿金山寺。寺僧道月预料到岳飞要遭秦桧的毒手，便用"风波险恶"的谶语，暗示岳飞多加小心，以防不测。岳飞到杭州后，果然被害于风波亭。岳飞被害后，有人把道月和尚的话告诉了秦桧。秦桧大怒，遂令部下何立到镇江拘捕道月和尚。但在何立到镇江前夕，道月和尚便圆寂了。

　　金山寺之所以闻名遐迩，还与著名的中国民间神话《白蛇传》有关。《白蛇传》为中国四大民间爱情神话传说之一，传说金山寺僧侣法海前世与白蛇有仇，白蛇修炼千年后化为美女白素贞，幻化人形与救命恩人许仙结为夫妇。法海伺机报复，逼白蛇水漫金山犯下天条，终把白蛇压在雷峰塔底。剧本中将金山寺僧侣法海写成了一个恶人，其实法海是清代金山寺名僧，因其重修金山寺功德卓著，被尊为"开山祖师"，现金山奇石洞中尚有法海雕像。而且，这个白蛇传说的文本依据可追寻到唐传奇《博异志》中收载的一篇"异闻"，北宋时它被编入《太平广记》卷四五八，原篇题名《李黄》。说的是：陇西人李黄经商到长安东市，路上遇到一位白衣美貌妇人，一见钟情，随其入所住老宅，美妇人赠以彩帛和铜钱 3000 贯，李黄与之小住相欢。三日后李返家，感觉神情恍惚，语无伦次，随即全身烂坏，仅存头颅。家人得知其有"艳遇"后，找到了长安东市那座老宅，但见其地为一荒凉空园，仅有一棵皂荚老树，树上还悬挂着 3000 贯钱。经向园旁的居民打听，才知此园中往往见有巨形白蛇在皂荚树上，长久无人敢进去了。

另一种说法认为，《白蛇传》萌生自宋人话本《西湖三塔记》。这个曲折离奇的故事，很可能是由南宋民间"说话"（类似如今的评话或杭州人所谓的"说大书"）艺人创作的，主要情节的背景地是杭州西湖。其中讲道：奚宣赞收留女童卯奴，与白衣妇人（卯奴之母）相欢后又被抛弃而落难，卯奴为报收留之恩救了奚宣赞。后奚宣赞再度遭难，幸亏其叔父奚真人自龙虎山学道归来，施法捉拿了白衣妇人、卯奴及替她们办事的婆子，此三人的原型分别是：卯奴变成了乌鸡，婆子是只獭，白衣娘子是条白蛇。这"三怪"，最终被镇压在奚真人化缘建造于西湖中的三个石塔下面了。

杭州灵隐寺

此寺坐落在浙江省杭州市西湖岸边的飞来峰下。这是我国一座著名的古代寺庙，至今仍享有盛名。

灵隐寺始建于东晋咸和元年（326 年），创始者为印度僧人慧理禅师。以后多次更名，先后叫过灵隐山景德寺、景德灵隐寺、灵隐山崇恩显亲禅寺等。清康熙皇帝题名"云林禅寺"。但是，这座寺庙仍以灵隐寺的名称驰名天下。

从历史上看，五代吴越国时期，灵隐寺的发展达到了顶峰。那时，全寺的建筑有 9 楼、18 阁、72 殿堂，寺僧逾 3000 人。到了清嘉庆二十一年（1816 年），一把大火烧掉了灵隐寺的所有建筑。道光三年至八年（1823—1828 年）重建。以后，人们又先后重建了大雄宝殿、天王殿等，使灵隐寺具有今天这样的规模。

灵隐寺的现存建筑，主要有天王殿、大雄宝殿、莲灯阁、大悲阁、回廊和厢房等。

大雄宝殿重建于清宣统二年（1910 年）。钢筋混凝土结构，高 32.6 米。

久负盛名的杭州灵隐寺

殿内有一尊净高 9.1 米的释迦牟尼佛像，是浙江美术学院师生和当地民间艺人，在 1956 年用 24 根香樟木雕刻而成的，非常精美。

在灵隐寺内，还保存着五代时期留下的石栏杆，北宋建隆元年（960 年）建造的八角九层石塔两座，北宋开宝二年（969 年）雕造的石幢一座，南宋留下的香樟木雕韦驮像一尊，明万历十八年（1590 年）重建的高 7 米的理公塔（慧理禅师墓塔）一座等。这些，都是极为珍贵的历史文物。

在灵隐寺前有飞来峰，寺后有北高峰。寺内寺外清溪流淌，古木参天。古往今来，这里都是一处享誉全国的名胜风景游览区。时至今日，香客云集，游人如潮，盛况不减当年。

杭州净慈寺

杭州位于我国的东南沿海，浙江省的北部，是浙江省省会，杭州城东南濒临杭州湾钱塘江下游北岸，北接京杭大运河南端，西部是风光秀美的西湖国家级风景名胜区。整个城市襟江带湖，集湖山、江川、奇峰、溶洞于一体，千姿百态，美不胜收，驰名中外，有"上有天堂，下有苏杭"之誉。杭州文物古迹众多，其中尤其以佛教建筑和石刻艺术闻名，如屹立任月轮山上、雄视钱塘江的六和塔，挺拔在宝石山上、倩影倒映于西湖的保俶塔，坐落在天竺山下、殿宇壮丽的名刹灵隐寺，以及分布在杭城的众多石雕佛像等，都是珍贵的佛教文化宝库。杭州一直是江南佛教文化的中心之一，自古有"东南佛国"之称。

净慈寺位于杭州西湖之南的南屏山慧日峰下，是杭州第二大名刹，与灵隐寺并称南北两山之最。净慈禅寺背依南屏山慧日峰，面对风光旖旎的西子湖，南屏山峰秀石奇，松柏翠绿，西子湖波光潋滟，婀娜秀美，翠峦碧波，交相辉映；青山绿水相映成趣，古木梵宇错落其间，加之寺内钟鼓悠扬，法香远溢，故一直是游人的绝佳去处。

净慈寺最早叫"慧日永明院"，是五代十国时期后周显德元年（954年）吴越王钱弘俶所建。后来南宋王朝偏安江南一隅，建都临安（杭州），当时的杭州为江南经济文化重镇，也是净慈禅寺发展的最鼎盛时期。因净慈禅寺临湖近城，地处清幽，深得帝王将相仰慕，因而十方檀越供奉丰厚。嘉定年间，净慈禅寺以"阄胜甲于湖山"之胜，与杭州径山寺、杭州灵隐寺、宁波天童寺、宁波阿育王寺并列为"禅宗五山"。净慈寺名声远播海外，尤其对日本佛教影响巨大。

净慈寺在民间久负盛名，除了该寺历史悠久，僧行高隆之外，还有两个原因：一是该寺与济公和尚关系密切，二是该寺是著名的西湖十景之一"南屏晚钟"。

济公在历史上确有其人。据《净慈寺志》与南宋僧人居简的《北涧集》载，济公俗名李心远，南宋台州（今浙江临海）人，18岁时，在杭州灵隐寺跟从高僧堂远出家，法号道济。他虽有饮酒食肉的行为，其实却是带果行因的圣僧。由于不拘行止，疯疯癫癫，人称"济癫和尚"。他痛恨巴结权贵，喜救济穷苦人，戏弄为富不仁者，因此颇受民众爱戴，尊称为"济公"。堂远圆寂后，道济随后移住永乐寺、崇真寺、净慈寺。

关于济公的传说有许多与净慈寺有关。据传，南宋嘉泰四年（1204年）净慈寺毁于一场大火，济公外出募化建寺的木材，他使神通令六甲神相助，竟使木材从寺中香积厨井中不断运出，故后人称之为"神运井"。后人认为他是罗汉下凡，称他为"降龙罗汉"。今寺内还有"运木古井"遗迹。为了纪念济公，大雄宝殿西侧建有济祖殿，殿内供奉着济公塑像，是净慈寺最具传奇色彩的殿堂。

净慈寺钟声在历史上久负盛名。寺后的南屏山，山高穴多，寺前两湖湖面空旷，所以每当寺内梵钟鸣响，山谷回荡，湖波接应，其音悠扬不绝。康熙三十八年（1699年），清圣祖康熙皇帝南巡至杭州，钦定"南屏晚钟"为"西湖十景"之一。寺内铜钟为明洪武年间制，重达1万千克。

知识链接

金山寺的由来

金山寺在江苏镇江市西北金山上，始建于东晋（317—420年），原名"泽心寺"，梁天监四年（505年），武帝亲临此寺设水陆道场。唐代僧人裴头陀（法海和尚）建寺时开山得金，献于皇上，武帝以黄金赐法海修山建寺，金山寺之名始于此。宋代一度改为神霄玉清万寿宫。北宋大中祥符年间，因真宗帝梦游金山寺，乃改名"龙游寺"。清康熙帝南巡时赐名"江天禅寺"，世人仍习称金山寺。此寺流传着妇孺皆知的"白娘子水漫金山寺"等传奇故事。金山寺上百间的殿宇厅堂、亭台楼阁文山层层叠叠向上建造，栋栋相接，殿宇相连，把整座山峦全部包住，山寺浑然一体，故有"寺裹山"之称。现寺中建筑主要有石碑坊、山门殿、大雄宝殿、八角七级浮屠——慈寿塔，寺周有白龙、法海、罗汉等洞，山顶有"留云亭"、"江天一览"亭匾及亭内石刻碑文均为康熙南巡时的手笔。寺内文物中的周鼎、苏东坡玉带、诸葛铜鼓、金山图手卷被誉为"金山四宝"。

金山寺的创建者是法海。据史料记载，法海的父亲名叫裴休，唐宣宗大中年间任宰相之职。裴家书香传续，世代簪缨，乃三晋时期显赫一时的名门望族，故而时常高朋满座，贵客盈门。

远观金山寺七峰亭

法海出生时，毛发稀少，父母爱怜不已，便给他取名叫"裴头陀"。年及弱冠，法海已文才大显，传为佳话。

一日，裴休在府内宴请朝臣，席间，兵部尚书借敬酒之机曲意奉承裴休，提出欲将天生丽质的爱女许配给法海。众臣也察颜观色，随声附和，于是当场缔结婚约。

时隔不久，祸起萧墙。裴休因得罪皇上失宠。昔日熙攘的门庭顿时门可罗雀。兵部尚书又落井下石，一张白纸斩断了两家的姻缘。

法海从此看破红尘，愤然离家出走，天涯托钵云游，佛前受戒，遁入空门。

在江西庐山学道参禅之后，法海北上浮玉山（现金山）修住。这日，他攀上浮玉山顶端，但见遍地野蓁丛生，满目千疮百孔。残破的庙宇墙倒殿塌，檩梁间不时惊起成群的飞鸟。铜破鼓裂，佛经散失，佛祖蒙难，菩萨受辱。法海面对眼前荒山破庙，悲怆不已，遂用火点燃一节手指，对天盟誓要重修浮玉山寺院，再扬佛法神威。此后，他在浮玉山西北角的一个岩洞安身，每日披星戴月，独自开山不止。

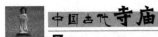

一些落魄和尚听说浮玉山之上来了一创业高僧，不约而同赶来相助，齐心协力，众志成城，浮玉山的面貌焕然一新。有一天，和尚们在浮玉山江边开山挖土时，掘出了黄金数镒（一镒为1200克）。法海一见，正言道："横来之财，不可心贪，自当妥善处置。"他遣人将黄金上缴地方官李绮。李绮又转奏皇帝，皇帝闻奏，大嘉法海功德，下诏将所挖黄金还赠予法海，以作修缮庙宇之用，同时赐名"金山寺"。古诗赞曰："天将白玉浮诸水，帝赐黄金姓此山。"金山寺就此得名。

第二节
其他地区的著名寺庙

 普陀山寺庙

普陀山是中国著名的佛教圣地，素有"海天佛国"之称，与山西五台山、四川峨眉山、安徽九华山并称佛教四大名山。普陀山位于浙江省舟山群岛中一个寺宇林立、僧尼云集的小岛上，岛上自然景色优美，四周波涛浩渺，岛上山峦起伏，处处笼罩着美丽的神话色彩，久有"海山第一"的美称。"山不在高，有仙则灵"，普陀山并不高，但有观世音"显灵"名扬四海，自唐代后佛事大盛，成专门供奉观音的佛教圣地；清末鼎盛时有寺院3座、庵堂88

座、小寺庙 128 座、僧尼 2000 人，人称普陀山"山当曲处皆藏寺，路欲穷时又遇僧"。

普陀山之名取自佛教《华严经》，全称"普陀洛迦"，是梵语的音译，意为"美丽的小白花"。传说观音原住在南印度普陀洛迦山，现在普陀山东南有一岛名洛迦山，就是与之相配。唐宣宗大中年间（847—859 年），天竺僧人来此修行诵经，因其梵名为"补怛洛迦"，故"普陀洛迦"之名由此而来。相传秦朝的安期生、汉朝的梅子真（即梅福）、晋朝的葛雅川（即葛洪）都曾到这里采药炼丹，当时炼丹取水地，就是现在的仙人井。

普陀山观音像

唐懿宗咸通四年（863 年），日本僧人慧锷自五台山请到一尊铜制观音佛像，运回日本时途经普陀莲花洋，风暴大作，洋面上涌现数百朵铁莲花挡住他的去路，他便认为这是观音不愿离开国土东去日本的缘故。他登岸在观音洞附近紫竹林中把张姓渔民的住房改成庵堂，取名"不肯去观音院"，供奉铜制观音，后又移送普济寺供奉。

普陀山的山林佛寺呈纵横交错网状交织的布局，整个普陀山佛寺起自短姑道头，此处历来是朝山进香之众登岸之处，"同登彼岸"牌坊引领香客游众趋步"佛国"。此后接有"妙庄严路"，依山循坡，曲径通幽，于林幽深处转出普济禅寺（前寺），别有一番天地，始显"佛国"之庄严景象。普济寺作为"佛国"首府，又是通往其他的几组佛寺之起始，由此往东南过百步金沙，越山过岭转出紫竹林、不肯去观音院；由此往西或一路山道，中经西天门、梅福庵，或经盘陀庵至观音洞；由此往北经横街、千步金沙等又转入法雨禅寺（中寺），由法雨禅寺往西经望海亭、飞来沙至梵音洞，往北经香云路，过香云亭、云扶石至佛顶山循墙转入慧济寺（后寺）。在普陀山这个整体佛国系统中法雨禅寺与普济、慧济合称为普陀山的三大寺庙，作为统领全局的山林佛寺的寺庙，它们倚仗其庞大的规模、雄壮的体态造型或处地的奇特险峻，结合周围山林幽深，构成佛寺群体中或凝重端庄、或轻灵俊秀的奇观！

观音洞位于梅岭峰西麓，傍依天然洞穴而建，它起自"众步"山门，转有石阶小路，路侧有天然巨石、花木草野为点缀润色，石径迂曲渐高，台阶三三两两疏落有致，拾级而上随路而转，于两木夹映中可见观音洞寺门翼然而立。进门后是一开阔的庭院空间，左栏右壁，人凭栏而望能隐约遥见稀稀落落的海天岛屿，似若"波陀"，使人心驰神往。

普济寺又名前寺，在普陀山白华顶南灵鹫峰下，为全山开创最早、规模最大的古刹，也是供奉观音大士的主刹。清康熙三十八年（1699年）重建大殿，赐匾额"普济群灵"，故名普济。全寺有9座金碧辉煌的殿宇、12座飞檐流丹的楼阁、16座雕梁画栋的堂屋，共有建筑面积1.4万平方米，殿阁200余间，人称寺内"五步一楼、十步一阁"。中轴线上有天王殿、圆通宝殿、藏经楼、方丈殿等。圆通宝殿供奉高达8.8米的观音像，四周端坐观音三十二化身像。

全岛最高的佛顶山上便是慧济寺，明朝慧圆法师创建慧济庵，清乾隆五十八年（1793年）扩建成寺，有4殿、7宫、6楼，建筑面积共有3300平方米，位居山之巅，幽深绝俗，景色绝佳。寺周多古树异卉。寺东南是白华顶，上建有天灯塔，为海上航标；寺后产"佛茶"，清香可口，半山腰云挟石上可见"海天佛国"四个大字。

法雨寺东海边有长约1750米、阔约100米的沙滩，名为"千步金沙"，为人们常仰慕的"静坐听潮音，引颈看海蜃"的地方。潮音洞在普陀山紫竹林内，由于海水千百年冲蚀而形成高数10米、长达20丈的巨型水洞，潮水奔腾入洞，浪石相激，声若惊雷。洞顶石上镌有"现身处"，为信徒香客乞盼观音现身之地。

普陀山与杭州西湖相比："以山而兼湖胜，则惟杭州西湖；以山而兼海胜，当推舟山普陀。"普陀山之美以有"海之胜、山之幽、佛之端"，缺一不可。与蓬莱仙境相似的"神仙境界"吸引了历代文人墨客来此观光，留下无数诗句。普陀山魅力皆借助于观音的灵光，这里的林木花草、金沙礁石、潮声幻象等自然景物一旦与观音相连，则活灵活现，幻化出无穷的魅力。山上的寺庙、金沙、奇石、潮音、幻景称作"普陀五绝"。

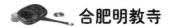 ## 合肥明教寺

　　明教寺位于安徽省省会合肥市淮河路东段，逍遥津公园旁边。这座寺庙因它所在的地区拥有远近闻名的古迹而彪炳于世。

　　明教寺修在教弩台上。教弩台，又称明教台、曹操点将台，高 5 米，面积 3700 多平方米。据说，这里是公元 3 世纪三国时期曹操为对付东吴的水师，而训练强弩手的地方。在台子的东头有一口井，井口高于周围居民平房的屋脊，所以被叫作高井，或屋上井、屋上古井。井口的石圈，色泽青润。石圈内侧，有一道一道的缚痕。这些绰痕，共有 23 条，深者 2 寸，浅者也有 1 寸多。人们说，这是古人在井内长期取水由井绳磨成的。石圈外侧，还留有晋"泰初五年（269 年）殿中司马夏陕胜造"的字样，足见这是 1750 余年前的遗物。井内的水，不但至今仍清冽甜润，且水位也明显地高于周围各井。原因何在，至今还是一个谜。

　　据史料记载，明教寺初建于公元 6 世纪初的南朝梁武帝时期。到了唐朝，人们曾在此地挖得铁佛一尊。铁佛高约 6 米，高大雄伟。地方官员见此铁佛出世，以为是圣物，立即申报朝廷，唐代宗大喜。唐大历年间（766—779年），人们又在梁武帝建寺的废墟上重建寺庙一座，并定名为铁佛寺，后改名为明教寺。到了公元 19 世纪后半期，明教寺在战火中被毁。现存明教寺为太平天国遗民袁宏谟（即通元上人），于公元 1885 年募缘而建的。

　　明教寺现存建筑，有山门、大雄宝殿、地藏殿及配殿、僧房等。在大雄宝殿内，还挂有一口大钟。这口钟高 2.02 米，直径 1.52 米，钟上满铸佛名和花纹，还有"明教寺"三个大字。

　　在明教寺的旁边，还有一座听松亭。古时，教弩台上满植松树。"教弩松荫"曾是古代"庐州八景"之一。今天，人们站在此处眺望，合肥市容尽收眼底。城内，市街纵横；市郊，沃野千里，清水环抱、绿树成荫，一眼可窥南国城市的富饶和美丽。

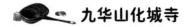 九华山化城寺

化城寺位于我国四大佛教圣地之一——安徽省青阳县九华山的中心九华街。寺院的四周高山环抱，中间溪田纵横，街市有序，俨如一座城市。化城寺是九华山的主寺，也是九华山上历史最为悠久的寺庙之一。寺内有全山现存最古的建筑藏经楼。在明、清时期，封建皇帝数度向化城寺赐经、赐钱、赐匾额，致使该寺名震东南，人称九华第一丛林。

化城寺的名字，来源佛教《法华经》中的一个典故。一天，佛祖释迦牟尼和一位弟子出去传法。突然间，道路被高山所阻。此时，徒弟饥渴难忍，便坐道休息，意欲回去。释迦牟尼将手一指，指着前边的一处地方说："那里有一座城，我们可以前去化斋。"借着佛祖指地为城的故事，化城寺便因此而得名。化城寺坐落在九华街芙蓉峰下。东晋隆安五年（431年），印度僧人杯渡在此筑室为庵，布道传法。唐至德二年（757年），遂在此建寺，供地藏菩萨金乔觉住锡传道。唐建中二年（781年），此寺被定名为化城寺。明朝宣德年间，福庆和尚重建化城寺。百年之后，明万历皇帝又赐钱扩建。清朝咸丰七年（1857年），化城寺的大部分建筑在一场大火中被毁，光绪年间再度重建。化城寺的建筑除藏经楼为明代建筑外，其余部分均为清代遗物。

化城寺共分四进。各进建筑依山而造，层层递高。全寺建筑有前厅、二殿、大雄宝殿、藏经楼及众多的禅房、寮房和客堂等。

寺前有一个圆形广场。广场中央有一座月牙形的水池，名叫月牙池。据说，这是地藏菩萨金乔觉的放生池。

化城寺的前厅即是山门。门前高悬着书写有"化城寺"三个大字的匾额。山门宽5间，高6米，飞檐翘角，气势不凡。

二殿比山门高9个石台阶。殿宽5间，高8米，进深9米。殿后两侧的配殿，高6米，进深4米。

大雄宝殿，是化城寺的第三进建筑，也是全寺的主建筑。殿高10米，进深9米，宽5间。殿顶的九龙戏珠藻井，造型生动，是古代雕刻中的精品。殿内大柱上挂着这样的楹联：上联是"愿将佛手双垂下"，下联是"摸得人心一样平"，耐人寻味。

藏经楼是化城寺的第四进建筑。楼高 2 层，宽 5 间，底层向前延伸 3 米多。楼内保存着许多珍贵文物。其中，有明朝正统五年（1440 年）刻印的《涅槃经》1777 卷。这是万历二十七年（1599 年），万历皇帝朱翊钧奉皇太后之命，派太监专程赐赠给化城寺的；《华严血经》，这是明代九华山

九华山化城寺大雄宝殿

著名的无瑕和尚刺血和着金粉书写的，字迹工整，不但是佛经中的宝物，而且也是古代书法中的精品。此外，藏经楼内还有梵文贝叶经，金质、铜质和玉石佛印，等等。

在清朝咸丰年间的那场大火中，化城寺的前三进建筑物均被烧毁，唯藏经楼独存。而且，藏经楼内光线充足，所有珍宝、书籍既不积土，又不长虫。所以有人说，化城寺的藏经楼能防尘、防虫，在建筑学上很值得研究。

在藏经楼和大雄宝殿之间的小院两壁上，还嵌有 14 方石碑，其中，3 方是明代的，11 方是清代的。《地藏圣迹碑》，宣扬了地藏菩萨的功绩；《祭田碑》《香灯碑》《捐输碑记》等，记述了当年世间向化城寺捐钱、捐物等布施的情况；《严禁弊害碑》又记述了山僧们当年受恶棍豪绅欺压的情形。

九华山祇园寺

祇园寺，原名祇园庵、祇树庵、祇园，在安徽省青阳县九华山的中心九华街，背倚东崖，楼阁层叠，高低错落，蔚为壮观，是我国四大佛教圣地之一九华山中最大的一座寺院。

祇园寺始建于明代嘉靖年间，但规模不大。清代几经重建，其中以嘉庆年间隆山法师主持修建的规模最大。祇园寺 1919 年经大根和尚增修、1929 年经宽慈和尚再度扩建后，才具有了今天这样的规模，并成为可以开展各种佛事活动、迎接四方僧人的十方丛林。

　　祇园寺，全名叫作祇园禅寺。相传，祇园是佛祖释迦牟尼讲经说法的圣地。释迦牟尼当年在摩羯陀国说法时，舍卫城的给孤独长老为他修造精舍居住，不惜以黄金铺地的高昂代价，向祇陀太子购买园林。后来，祇陀太子皈依佛法，并将园林献出。于是，这座园林便以他二人的名氏命名，叫作祇树给孤独园，简称祇园精舍。释迦牟尼曾在这里讲经20年。这样，以此佛教故事而命名的九华山祇园寺，寺中主供释迦牟尼佛像，寺院的一些建筑也体现了佛祖祇园讲经的内容。

　　祇园寺山门前，有一条石雕莲花甬道。这条甬道，由一百多块长方形的石板铺砌而成。石板中间雕刻着朵朵莲花，石板两旁则刻着串串古钱币，这大概就是黄金铺地的寓意吧。此外，石板上还刻着蜻蜓点水、青蛙伏茎等图案，非常精美。

　　祇园寺由山门、天王殿、大雄宝殿以及光明讲堂、退居寮、方丈寮、衣钵寮、法堂、斋堂、禅堂、新戒堂以及大寮、小寮等建筑组成。这些建筑随山就势，层层递高。青山绿树环抱，环境幽美清静。

　　山门又叫灵官殿，是一座门楼式的建筑，宽5间，高3层，顶铺黄色琉璃瓦，飞檐翘角，气势不凡。檐下悬挂着写有"祇园禅寺"四个大字的瓷匾。殿内正中供着灵官的塑像，两旁有哼、哈二将的塑像。

　　读者知道，灵官是道教的护法神，那么为什么会塑在佛教寺庙里，来为佛教护法呢？据说，佛教的护法神韦驮曾经打死了一位状元，犯了杀戒。地藏王菩萨金乔觉不要他护法了，把他赶了出去，并请出灵官来护法。九华山是地藏王菩萨的道场。于是，在九华山不但祇园寺有灵官护法，在肉身宝殿等寺庙中，也塑有灵官像，请他护法。

　　山门后的亭阁式建筑，叫作天王殿，中间供有弥勒佛像，两侧有四大天王塑像。

　　大雄宝殿是全寺的主要建筑，位于天王殿后。殿基高2米，殿高20余米。殿顶铺着黄色琉璃瓦，檐下悬挂着当代书法家于右任先生书写的"大雄宝殿"巨匾。四个翘角下，挂着镂空花篮8只，典雅庄重。

　　大雄宝殿内，供着三尊高大的金色佛像，中为释迦牟尼佛，左为阿弥陀佛，右为药师佛。像前有供桌一张，上刻龙爪抓珠、力士扛顶、九龙盘珠等图案和唐僧取经的故事等。桌上摆放着香炉、供器以及重达 400 斤的一只铜磬。供桌前，有一块长 1 米多、宽不及 1 米的石板，石板上刻着 3 朵莲花、3 片莲叶、3 节鲜藕。这是法会住持僧人的跪拜石。此外，这里还有一对青花瓷瓶、锡腊台等。

在大雄宝殿里，还挂着一盏镂空八角琉璃灯，也叫海灯或长明灯，灯光四季不灭。大殿两角，还挂着大皮鼓和千斤大钟。

大殿后墙向左右延伸，分别供有文殊、普贤和十八罗汉塑像。释迦牟尼佛、阿弥陀佛和药师佛像背后，还有一组海岛观音的塑像。这组塑像高约 15 米、宽约 9 米。观音居中，站在鳌头上；善财童子和龙女的塑像分立于两侧。此外，还有韦驮像和大大小小的一百多个菩萨、天神、力士、罗汉等的塑像。整个塑像，无论山峦、波涛，还是人物、动物，造型都很生动。

九华山肉身宝殿

肉身宝殿又叫肉身殿、肉身塔，位于全国四大佛教圣地之一、安徽省青阳县境内九华山的神光岭上。肉身宝殿是供奉地藏王菩萨肉身的地方，千百年来，一直被佛教信徒们所敬仰。

据《九华山志》《神僧传》等史书记载，地藏王菩萨（或称地藏菩萨）俗姓金，名乔觉，原为朝鲜半岛上新罗国的王室弟子，面貌丑陋，心地善良，聪明伶俐，智慧过人。金乔觉 24 岁时出家为僧，渡海来到中国九华山上，苦苦修行。唐至德二年（757年），九华山富绅诸葛节布施钱财为金乔觉修寺筑院；唐建中二年（781年），池州太守张岩厚加施舍，并奏

九华山肉身宝殿

请朝廷批准建寺，这就是名闻遐迩的九华山化城寺。从此以后，金乔觉在九华山广收僧徒，诵经传法。唐贞元十年（794年），金乔觉圆寂于九华山南台。3年后开缸安葬，人们见金乔觉全身绵软，容颜如生，骨节不僵，摇动时有金锁一般的声音。根据佛经的叙述，人们认定他为释迦牟尼圆寂1500年后菩萨应世。这样，九华山寺僧遂修三级石塔供奉金地藏菩萨肉身。至夜间，石塔塔基发出光彩，人称"圆光"，众僧们颂为"神光彩"。于是，南台（也曾叫西台）的旧名便被神光岭代替了。自此之后，肉身宝殿屡加修茸，壮丽巍峨，逐渐成为九华山佛教圣地中的圣地。

肉身宝殿始建于唐贞元十三年（797年），以后多次重修或扩建，其中以明、清两代修建的规模最大。明代万历年间（1573—1619年），朝廷曾赐钱扩建，并赐名为"护国肉身宝殿"。清朝咸丰七年（1857年）此殿被毁，同治年间（1862—1874年）再度修复。这就是我们今日看到的肉身宝殿。

肉身宝殿屹立于神光岭巍巍山峦之上。殿前有84级陡峭的石阶，阶旁有铁柱铁索护卫，人们可以攀索拾级而上。

肉身宝殿平面呈方形，殿宽15米，长15米，高18米。殿顶全用铁瓦覆盖。四周回廊用24根石柱支撑，巍峨壮观。斗拱飞檐，梁架彩画，色泽斑斓，富丽堂皇。前门上方挂着青花古瓷制作的"肉身宝殿"竖匾。廊下高悬着写有"东南第一山"五个大字的金匾。后门上方亦挂着一块青花古瓷的"肉身宝殿"竖匾。

肉身宝殿内用汉白玉石铺地。中间的木塔塔基为汉白玉石制成。全塔7级，高约17米，呈八角形。木塔外面，每层八面均有佛龛，龛内有金地藏菩萨的金色座像。木塔内层，贴有用金粉书写的《地藏本愿经》。木塔之内的三级石塔中，供奉着地藏菩萨金乔觉的肉身。

肉身宝殿内7级木塔前，还高悬着一盏八面琉璃灯，四季长明。

金乔觉24岁出家来到中国，至99岁圆寂，在九华山共住了75年。于是人们便把九华山尊为地藏菩萨道场。因为化城寺是地藏菩萨金乔觉的成道处，肉身宝殿是地藏菩萨的肉身供奉处，所以每年农历的七月十五日和三十日，即金地藏的诞辰日和成道日，信徒们都要蜂拥而至，守塔，绕塔诵经，大做佛事活动。

肉身宝殿后面，有一座半月形的石板瑶台。台上有铁鼎 3 只，台侧有古花园一座，这里被叫作布金胜地。据说，每至地藏诞辰、成道之日，信徒们至此焚香叩拜，布金供奉，热闹非凡。

肉身宝殿的东、西两侧，各有一排厢房。东侧厢房，为禅房和客房。西侧厢房，则为文物展览室。

肉身宝殿内和它的文物展览室中，珍藏有许多珍贵文物，有的还为皇室赠品，非常难得。唐至德年间铸造的螭龙金印、"利生"玉印，明万历年间铸制的龙印，都是历代帝王给肉身宝殿的赠品。此外，这里还有明代皇宫中佛像前用过的铜供器，万历年间雕刻的石金龙，明代制作的能敲出八种声音的"八音石"；清康熙年间铸造的金地藏渡海坐骑地听（又名独角兽，长 3 尺，宽 2 尺，高 2.5 尺，重 500 斤）等。至于铜、瓷佛像，各种朝珠、念珠，以及佛教经典，这里也收藏不少，堪称佛教文物宝库。

九华山百岁宫

在我国四大佛教圣地之一、安徽省青阳县境内的九华山上，有一座耸立于危岩山巅之上、云雾缭绕、若隐若现的古庙，这就是构筑雄伟奇特的百岁宫。百岁宫中供奉着九华山历史上一位著名高僧无瑕和尚的肉身，是莲花佛国九华山的四大丛林之一。

百岁宫又称万年寺，在九华山东崖之巅的摩空岭上。明万历年以前，这里的地名叫摘星亭。就在万历时期，一位叫作海玉、字无瑕的僧人，从山西五台山云游来到摘星亭下，结茅为庵，饥食野果，渴饮山泉，苦修苦行，摘星亭因此而被叫作摘星庵了。无瑕和尚生于明正德八年（1513 年），圆寂于明天启三年（1623 年），活了一百余岁。无瑕和尚死后，肉身装于缸中，三年后启缸，面颜仍如生前，人们皆以为是菩萨应世。崇祯皇帝知道后，赐名为"应身菩萨"，并赐给钱物，将庵扩建为寺，并命名为百岁宫。

清朝康熙五十六年（1717 年），百岁宫被大火吞噬，康熙六十年（1721 年）重建。道光六年（1826 年）再度重修，道光十九年（1839 年）扩建，并更改寺名为万年禅寺。清末民初，百岁宫又多次修缮，始具今日这样的规模。

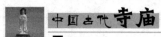
百岁宫共有殿房僧舍99间半，是古建筑与岩石巧妙结合的典型。这座寺庙利用天然岩石的高低错落建房盖屋，上下一体，左右贯通，是一处布局严谨而又完整统一的建筑群。远看各个殿宇的上部高度一致，而实际上屋基却建在高低不等的岩石上。其墙壁或长或短，或宽或窄，屋内空间或大或小，或长或方，均依山岩形状的变化而定。其安排之巧，建造之精，确实少见。

大雄宝殿是百岁宫内的主殿。殿前挂着"钦赐百岁宫　护国万年寺"的对联。殿内悬挂着写有"大雄宝殿"四个金色大字的匾。此殿高15米，宽16米，深15米。殿旁用板壁隔出五间房屋，这是客房。大雄宝殿的后墙，为整块岩石；南墙的墙基和大殿的地面，则是用山顶的整块封石削凿而成的，且保留了岩石的天然色泽。大雄宝殿正面大佛龛中，供着释迦牟尼和文珠、普贤像；东边佛龛内，供着禅宗始祖达摩像；西边佛龛中，供着无瑕和尚的肉身。无瑕和尚头戴僧帽，身披红色袈裟，300多年来一直端坐于莲台之上。

在大雄宝殿内还有护法神韦驮像，两旁有24尊天神像。殿中悬挂的琉璃灯，四季长明。

大雄宝殿前的左右厢房间，形成一块小坪地。厢房的墙壁上镶嵌着十余方清代雍正、乾隆年间的石刻，其中有诗刻，也有向寺庙捐钱赠物、送经的《功德记》。西厢房为库房、香积厨，东厢房叫钟房，里面挂着一口幽冥钟，铜质，重约2000斤。

大雄宝殿是百岁宫诸多建筑中的第一层。进得殿后，走过数进房屋，建筑随山势而下。走出后门回望大雄宝殿，其楼堂殿阁竟有5层之多，壮丽无比。

百岁宫前有山亭，后有龙虎泉、伏虎洞、苍鹰石，可供人们驻足赏景。寺周，古柏参天蔽日，苍松修竹密布，云雾变幻莫测，真是仙山美景，别有洞天。

庐山东林寺

提起庐山，人们就会想起李白的《望庐山瀑布》："日照香炉生紫烟，遥看瀑布挂前川。飞流直下三千尺，疑是银河落九天。"还有苏轼的《题西林壁》："横看成岭侧成峰，远近高低各不同。不识庐山真面目，只缘身在此山中。"

很多人以为，庐山是因为有了这些著名的诗篇佳句才出名的。其实不然。庐山远在殷商时期就在中国历史上留下了浓墨重彩的一笔，庐山名称的由来本身就有着美丽的传说。

相传，庐山原名南障山，殷周之际，有一位名叫匡俗的隐士居住在山里。当年周王刚从殷商王朝手中夺取政权，急需各类贤才来辅佐治理国家，周王曾多次盛情召征匡俗出山，可是都被这位隐士婉言谢绝了。后来，周王想效法当年周文王亲自到庐山求贤，当他带领大队人马到匡俗的住处时，匡俗已经羽化登仙，只留下空庐一间。从此，人们就给这座神奇的山取了一个美丽的名字——庐山，又称匡庐。

其实庐山真正名声大振的时代，还是在东晋时代。这个时代的庐山，不仅寺院众多，而且是当时中国的两大佛教中心之一。所谓"南有庐山，北有长安"，就是指当时的中国两大佛门圣地。

从东晋到唐宋时期，庐山有数百座寺院，其中西林寺、东林寺和大林寺并称"三大名寺"，归宗寺、栖贤寺、开先寺和圆通寺并称"四大丛林"。到了元代，还有人写诗赞道："庐山到处是浮图，若问凡家半个无。只有渊明曾好酒，至今有鸟号提壶。"可见到了元朝，庐山依然寺院林立。其实历代文人骚客，多是因为庐山之美，寺院之多，慕名前往，然后留下优美的诗篇，这就更让庐山和它的寺院声名远播。

人们提到庐山的寺院，必然会谈到庐山脚下的东林寺，在人们心目中，东林寺才是庐山寺院的鼻祖。有人认为，东林寺属于庐山三大名寺之一，应居庐山寺院之首。更有人认为，与其说东林寺因庐山而出名，倒不如说庐山是由东林寺而名闻海内的。其中的原因，清人潘末在《游庐山记》中一语道破：除了五岳以外，中国

庐山东林寺大门

的名山当首推庐山。东晋以前无人谈到过庐山，自从东林寺创立莲社净土宗以后，高僧贤哲相继而来，庐山也由此开始遐迩闻名了。可谓佛寺因庐山而得神势，庐山借佛寺而扬美名。因此，庐山各处的寺院都以东林寺为鼻祖是非常正常的。

慧远是东林寺的第一代住持，也是它的创建人，更重要的是，他还是佛教净土宗的创立人。慧远俗姓贾，雁门楼顶即今山西宁武附近人，东晋成帝咸和九年（334年）生于一个士族家庭。慧远幼年就非常勤奋好学，经常跟随母亲到本村楼烦寺参拜佛像。慧远12岁跟舅舅到许昌、洛阳一带游学。通过刻苦学习，慧远年纪轻轻就已经是博览儒家经典、通达老庄之学的大儒。公元354年，慧远21岁，政治动乱的东晋社会使他久怀隐居之愿。他打算远渡江东，隐居于今江西南昌。可是，时值北方政权统治集团内部矛盾激化，互相残杀，东晋又连年北伐，中原再度陷入大混乱，南路阻塞，使慧远不能如愿南下。

东晋永和十一年（355年），精神苦闷、找不到出路的慧远前往太行山、恒山从学于当时的名僧道安，接受道安用风行魏晋的玄学思想来解释《般若经》中的"本无"思想，很快豁然开朗，有所领悟，感觉佛法博大精深，感叹：儒道九流，都只不过是些糟粕。最后他皈依道安法师。

慧远幼年求学，原来就有儒道两家思想学说的基础，领悟力非常高，因此理解佛法大意比别人快捷。加上他始终坚持不懈，夜以继日，刻苦学习，精心思考，24岁时，已经开始讲经。有的徒众不大明白佛经的玄旨奥文，他便引证庄子哲学中有关虚无的思想比附发挥，于是多数人很快明白了佛门要旨。

慧远辩才峻严，调峰犀利，几次大会辩论，都取得了极大的成功。道安法师听了赞叹说：

"使佛门之道在东土流传，发扬光大的日子不会远了。"道安还特许他借助佛经以外的书讲解佛经的道理。

4世纪中叶，前秦苻坚统一了北方，准备向南进军，消灭东晋，实现全国的统一，时局正处于风云变幻时期，慧远跟随道安法师到当时属于东晋管辖的襄阳宣扬佛法。后襄阳被前秦军队攻陷，信奉佛教的苻坚命令前秦军队扣留道安法师，道安便遣散徒众到各地去传教。临行前，道安对弟子们一一给予诲勉，唯独对慧远不发一言。

慧远跪在师前问道：

"唯独不给我什么教诲，是认为我不值得教导吗？"道安说："像你这样的人，难道还有什么可以担忧的吗？"于是，慧远等一行十余人告别了道安，南下荆州。从此，慧远终生再也未得与道安师傅相见。

慧远告别恩师，率领弟子数十人前往广东罗浮山。途中经过江西浔阳时，慧远爱惜庐山幽静秀丽而闲旷，于是在此落脚弘扬佛法，后来在他人帮助下建立了东林寺。

慧远隐居庐山从事佛教事业长达数年，这是他一生中最重要、最辉煌的时期。一方面慧远几乎是足不出户，潜心研究，形成了自己的理论基础。在研读经典过程中，他感到当时南方佛经很不齐备，禅法无闻，律藏残缺，就派遣弟子法净、法领等人远度葱岭，寻求佛经。

这些弟子跋山涉水，历尽艰辛，从西域带回《方等》新经 200 余部，得以传译。另一方面，他虚心求学，能够注意兼容并蓄，僧伽提婆南游庐山，慧远请译《阿毗昙心经》和《三法度论》，并作序提倡，由此开南方毗昙学的端绪。他致书昙摩流支请求补译《十诵律》，使佛典律类著作有较完备的译本。

慧远还派人去邀请觉贤禅师到庐山，此举推动了南方禅法的流行。当时鸠摩罗什所在的长安和慧远所在的庐山是最有影响的两大佛教中心，慧远不仅向他致书通好，交流佛教译本，并派遣弟子前往听讲问道。后来听说罗什要回本国，他马上作书，详细询问佛经中数十条疑问，请鸠摩罗什批释。罗什一一作答，现存 18 章。

综观慧远的学识，佛教徒称佛学是内学，把儒、玄叫作外道。慧远不仅精研佛学，而且兼通经学和玄学，一身兼儒、佛、玄三家。他认为儒、佛、玄三家作为统治思想来讲，立场基本上是一致的，所以主张"内佛外儒，可合而明"，认为以佛学为主，以儒玄为辅，达到合而为一的目的。

慧远还极力倡导"弥陀净土法门"，创设莲社，并最终形成了净土宗，因此被后世净土宗僧人推尊为初祖，东林寺也成为我国佛教净土宗的发源地。

公元 416 年，慧远卒于庐山东林寺，享年 83 岁。著名诗人谢灵运曾为他写了一篇碑文《远法师诔》。南齐僧人道慧读了慧远的文集，慨然叹息，恨自己生之晚也，未能亲见慧远。为了实现夙愿，他和另一个僧人智顺溯流千里，到庐山观看慧远的遗迹，在那里流连了三载才回去。

东林寺三笑堂前有一"出木池"，相传慧远兴建神运宝殿时所缺栋梁之材，就是从这池中源源不断地流出来的。

在神运宝殿后，在一丛满目苍翠的修竹的掩映下，一个一米见方的泉池涌出汩汩细泉，晶莹清澈，似一股玉浆在淌泻，又像一串串明珠在滚动，水清甘洌，四季不涸，泉旁的石碑上镌刻着三个刚劲的隶书大字：聪明泉。它记录了这样一个故事：东晋有位荆州刺史殷仲堪，久闻慧远的大名，在东林寺建成后不久便专程来到庐山东林寺拜访慧远法师。慧远与他一起谈论易道，终日不倦。殷仲堪非常敬佩慧远的才学，连声夸道："远公的学识博大精深，实在是无与伦比。"

慧远对殷仲堪的才识也暗暗心折，听了这话，顺手指着松林旁的一处流泉，笑着对他说：

"你的辩才就像这流泉一样，泉涌不绝。"

人就将该泉称为"聪明泉"，这泉水映射出慧远大师非凡的才智。唐朝诗人皮日休曾以此为题，作诗道："一勺如琼液，将愚拟圣贤。欲知心不变，还似饮贪泉。"

在东林寺文殊阁旁，还有一处"古龙泉"，又名"卓锡泉"。早在东林寺建立以前，古龙泉曾在慧远龙泉精舍处。当初慧远在龙泉精舍修行，觉得离水源太远，非常不便，于是就用手中的锡杖敲敲地面，说道："我如果与这块地方有缘，这块土地就应当出现泉水。"话音刚落，就见清泉汩汩涌起。

这年夏天，浔阳一带久旱无雨，慧远在泉边诵读《龙王经》，祈请神龙降雨救灾。不一会儿，一条神龙从泉中跃出，顷刻间大雨滂沱，令大旱之年成为丰收之年，这便是"古龙泉"的由来。后其弟子慧安为计时立芙蓉十二叶于泉水中，芙蓉随波转动，一昼夜恰好转动一周，以此分定一天十二时辰，称之为"莲花漏"，可惜这一发明后来失传。

知识链接

虎溪三笑

在关于东林寺的传奇中，最吸引人的还是"虎溪三笑"的故事。在去东林寺的路上，有一条小溪，东晋时流水潺潺，人们在溪上架一石桥，这石桥便成了去东林寺的必经之路。据传说东晋时，东林寺住持慧远在寺院深居简出，人们称之为"影不出山，迹不入俗"。他送客或散步，从不逾越寺门前的小溪，如果过了小溪，寺后山林中的老虎就会吼叫起来。

有一次，诗人陶渊明和道士陆修静来访，与慧远谈得投机。慧远为二人送行时不觉过了小溪石桥，后山的老虎就发出警告的吼叫，三人恍然大悟，相视大笑而别。于是人们称小溪为虎溪，石桥为虎溪桥，这个典故就叫作"虎溪三笑"。

"虎溪三笑"的故事，反映了儒、释、道三家的融洽，为历代名人所欣赏。李白在《别东林寺僧》一诗中就写道："东林送客处，月出白猿啼。笑别庐山远，何烦过虎溪。"东林寺内的"三笑堂"和蹲伏在虎溪桥畔的石虎，就出自这则传说，为古刹增添了神秘色彩。宋代石恪作《三笑图》，苏东坡作《三笑图书后》，黄庭坚作《三笑图赞》，后人于是在寺中建了"三笑堂"，一时传为佳话。

据学者考证，慧远和陶渊明都是东晋时期的人，陆修静是南北朝时期人，慧远圆寂时，陆修静仅十来岁。宋大明五年（461年），当陆修静到庐山东南瀑布岩下构造精庐、隐居修道时，慧远与陶渊明已去世三四十年了。所以他是不太可能参加"三笑"的。

洛阳白马寺

古都洛阳城东12公里处，有一座驰名中外的古刹，那就是被称为中国佛教第一寺的白马寺。

东汉永平七年（64年），汉明帝刘庄派朗中蔡倍、博士弟子秦景等一行12人到西方天竺国求佛取经。他们历经千辛万苦，从大月氏请来了迦叶摩腾、竺法兰两位天竺国的高僧，并取回了佛经。于是，汉明帝刘庄下旨在洛阳城西门外1.5公里处修建寺院，该寺于永平十一年（68年）修成。因传入我国的这第一部佛经是用两匹白马驮回的，所以将此寺院取名为白马寺。这就是我国第一座官建的佛教寺院。

从天竺国邀请来的迦叶摩腾、竺法兰两位高僧曾常住白马寺，并在此长期从事佛经的翻译工作。佛教传入中国的第一部佛经，即《四十二章经》就是在这里被译成汉文的。因此白马寺也就被誉为中国的"释源"，白马寺就是中国佛教的发源地。

佛教的传播，引起了道教信徒的不满。佛、道之争屡有发生。相传，道

中国第一古刹：白马寺

教信徒曾上书皇帝，陈述佛教的荒谬和道教的法力无边。于是，皇帝下令，让佛道两家在白马寺南门外筑坛比试，以分高低。结果，佛教胜利了，道教失败了。从此以后，佛教在中国的影响越来越大，传播也越来越广。

白马寺建成之后近2000年来，几经沧桑。各朝各代对白马寺都进行过程度不同的修葺和扩建。唐朝，封建统治者大兴佛教，并以此来巩固自己的统治地位，对白马寺自然也更为重视。唐朝垂拱元年（685年），女皇武则天曾命宠僧薛怀义主持大修白马寺，使该寺规模空前，建筑雄伟壮丽。那时，该寺的僧众曾达千余人。金大定十五年（1175年），又在该寺东修建了一座高30余米的13层砖塔，叫作"释迦舍利塔"，亦称"金方塔""白马寺塔"，也就是现在的齐云塔。明嘉靖三十五年（1556年），对白马寺又进行了大修。这次大规模的修建，为白马寺今日的布局和规模奠定了基础。

白马寺占地面积4万余平方米。中轴线上的主要建筑有山门、天王殿、大佛殿、大雄殿、接引殿及建在清凉台上的毗卢殿。中轴线两侧，分别有祖堂、客堂、禅堂、方丈院和迦叶摩腾、竺法兰两座配殿等建筑。

在大雄殿内，供奉着释迦牟尼佛、阿弥陀佛和药师佛的塑像，两旁有护法金刚塑像。东西两侧分别塑着十八罗汉像。这些罗汉像是用夹纻丝工艺塑制的，又叫脱胎漆像或脱空像。据说这种工艺自宋代以后，渐渐失传，元、明时期的作品更为少见。因此，这套存放在大雄殿内的元、明时期的十八罗汉像也更为珍贵。

位于寺院后部的是清凉台。建于台上的毗卢殿飞檐翘角，雄伟壮观。殿内供奉着毗卢佛和文殊、普贤菩萨的塑像。为纪念从天竺国来的两位对佛教在中国的传播做出贡献的高僧，后人在清凉台的两侧修建了迦叶摩腾、竺法兰两座配殿，里面分别塑有两位高僧的像。他们在圆寂后，就安葬在白马寺。他们的坟墓至今还在白马寺山门内的东西两侧。

白马寺院内还有不少不同时代的碑刻，如金代的《释源白马寺舍利塔灵异记》、《断文碑》，元代的《洺京白马寺祖庭记》碑、明代的《重修古刹白马禅寺记》碑、清代的《白马寺六景》等。这些碑文和石刻记述了白马寺的历史，记述了中国佛教的传播史，是珍贵的历史资料。

嵩山少林寺

少林寺以佛教禅宗祖庭和少林拳著称于世，被誉为天下第一名刹。

少林寺位于河南省登封县西北 13 公里处，中岳嵩山的西麓。这里山青水秀，风景幽美。

据史书记载，少林寺初建于北魏太和十九年（495 年），是北魏孝文帝元宏下旨为印度高僧跋陀修建的住锡地。因寺庙修在嵩山第二峰少室山北的树林中，于是叫作少林寺。

北魏孝明帝孝昌三年（527 年），另一位印度高僧菩提达摩，经广东、南京，渡过长江，来到少林寺。广招弟子，传播禅宗教义。从此，少林寺逐渐扩大，僧徒也渐渐增多，达摩成了禅宗的初祖，少林寺也成为佛教禅宗的祖庭。

佛教修行打坐

禅宗是佛教中的一派，主张静坐修心，并采用坐禅和面壁的方法修道传道。这样，时间久了，僧徒们身体孱弱，参禅打坐容易困倦。于是，达摩便和众僧一起，模仿虎、猴、鸟、蛇的动作进行活动，天长日久，就形成为后人命名的心意拳。以后，经过少林寺僧的充实，并吸收了民间武术加以改进，逐步形成了名扬天下的少林拳。由于保护寺庙和军事上的需要，少林拳中又增加了擒拿格斗的内容和刀、枪、剑、棍、铜等器械，这就形成了闻名遐迩的少林功夫。到了明朝，少林功夫经过抗倭名将、拳技大师俞大猷等的总结、提高，少林功夫达到了炉火纯青的地步，招招式式，非攻即防，且在三五步之内便可决定胜负。在唐朝，少林寺僧帮助李世民平定了叛乱；明朝，少林寺僧又参加了抗击倭寇的斗争。这样，少林寺和少林拳，便更加声名远播了。

在北周大象年间，周静帝将少林寺改名为陟岵寺。

隋朝，文帝杨坚将陟岵寺复改为少林寺。

唐朝，因少林寺僧平叛有功，唐太宗李世民不但封昙宗和尚为大将军，给少林寺赐田 40 顷，而且还特许少林寺养僧兵 500 人，武僧可以喝酒吃肉。这时，少林寺的殿宇房屋增加到 5000 余间，僧众达 1800 余人。

但是，少林寺并非长盛不衰。事实上，少林寺自它建寺之日起到现在的 1500 余年中，确实屡遭厄运。隋朝末年，少林寺曾遭受大火的袭击。清朝康熙年间，少林寺第二次遭受火灾，损失严重。1928 年，在军阀混战中少林寺遭受了第三次、也是最严重的一次火灾。当时，军阀、河南暂编第四团团长樊仲秀占据了少林寺，并以之为司令部。不久，军阀石友三率部击退了樊仲秀的部队，并以少林寺僧曾帮助过樊仲秀为借口，一把火烧了少林寺的许多重要建筑和武术资料等无数有价值的文物。今天，到少林寺所能看到的建筑和文物，多为劫后幸存者，亦有少数是新中国成立后修复的。

现今的少林寺区，包括常住院、初祖庵、二祖庵、塔林、达摩洞等。

塔林，在少林寺山门南约 1 公里处。一塔一僧，埋藏着从唐贞元七年（791 年）到清嘉庆八年（1803 年）间，少林寺历代住持僧和知名僧 230 余人。塔层一般为一至七级。各塔高低不等，最高者约 15 米，最低者 2 米左右。塔形多样，有六角形的、八角形的，也有圆柱形或圆锥形的。这些，是研究我国砖石结构建筑和雕刻艺术的重要实物。

初祖庵，在少林寺西北约 1 公里处。据说，这是禅宗初祖达摩面壁的地方。庵内原有山门、大殿、千佛阁，现仅存大殿和两个小亭。小亭建于清代。大殿建于宋宣和七年（1125 年），有 16 根八角石柱。石柱、檐柱、殿基石护脚及神台须弥座上，刻满了飞天、卷草、麒麟、水兽等图案。殿前有一株六祖手植柏，相传是禅宗六祖慧能，在唐初从广东带来种植的。殿周围还有 40 余件大小碑刻，其中有宋朝黄庭坚和蔡京的题字。

常住院包括山门、碑林、天王殿、藏经阁、千佛殿及其配殿。

　　山门即少林寺大门，建于清雍正十三年（1735年），1974年修葺一新。门额"少林寺"三字，为康熙帝手笔。门外左右两侧的石牌坊，为明代建筑。

　　山门内有大小碑碣数十座，俗称碑林。这里有唐代的《大唐天后御制诗书碑》，宋代书法家米芾的《第一山》石刻，明代人题写的达摩面壁石等。这些碑碣，是研究佛教、书法、少林寺史的重要文物。

　　天王殿雄伟壮丽，藏经阁是收藏佛经等书籍的地方。这里的建筑和所藏文物，包括明代刻制的达摩一苇渡江的石碑，均在1928年的军阀混战中毁掉了。达摩一苇渡江图，绘的是达摩到了今日的南京，谒见梁武帝，但谈话不甚投机，于是达摩踩着一枝芦苇渡过长江，来到少林寺，终成一代名僧。

　　藏经阁后的方丈院，也叫客庭，是公元1750年清朝乾隆皇帝游嵩岳时的住地，因此也叫龙庭。庭的南墙上，嵌有宋代蔡京的"面壁之塔"石刻。方丈室走廊的东头，有元代铸造的铁钟一口。

　　方丈室后的达摩亭建于清代。据说，禅宗二祖慧可在此站着等候初祖达摩，大雪没膝也没有走，所以也叫立雪亭。内有达摩铜像，金代摹刻的宋苏东坡《观音赞》碑及明铸大钟。

　　少林寺的最后一座佛殿名叫千佛殿，建于明代万历十六年（1588年），清代乾隆年间重修。殿内有高7米、面积达300平方米的巨幅彩色壁画《五百罗汉朝毗卢》。全图分35组，每组都表现一个佛教故事。画中人物线条流畅，色调和谐，背景自下而上为水、风云、山林。这幅巨画能从明朝保留至今，确实不易。殿内地面用青砖铺就，但有深浅不一的凹陷，被人们叫作脚窝。据说，这是寺僧们长久练功所致。

　　千佛殿的西配殿名为地藏殿，是清代建筑，1979年重加修葺。东配殿名为白衣殿，又叫锤谱殿，也是清代建筑。内供白衣大士铜像，殿内壁画记述着少林寺历史上的部分大事。后壁北墙的两组画，描绘了少林寺十三个和尚保唐皇的故事。其中的一组画面为，洛阳城外，十三棍僧保护着李世民骑马东逃，后有一队从城中出来的追兵；另一组画，绘着十三和尚活捉隋将王仁则。南端的壁画，描绘了元朝末年烧火头陀即紧那罗抵御红巾军的故事。北壁和南壁，绘着少林寺拳谱：图中许多僧人，或徒手，或持械，正在练武。北壁上还有一幅图画，画中一位清代官员正聚精会神地观看少林寺寺僧表演武术。这幅画说的是，清朝道光八年（1828年），曾任过兵部主事、颖州知府，后任河南按察使、湖北巡抚、兵部侍郎的麟庆，代巡抚杨海梁祭祀中岳，在少林寺观看寺僧演武的情形。这件事情，在麟庆著的《鸿雪因缘图记》中有详细记载。此外，还有降龙、伏虎罗汉、文殊、普贤菩萨等的画像。这些，都是很珍贵的。

开封相国寺

古城开封市内有一座古寺，在中国佛教史上有着自己一段光辉灿烂的历史。这座寺庙名叫相国寺。

据史料记载，北齐文宣帝天保六年（555年），在信陵君——战国魏公子无忌的宅地上修建了一座寺庙，取名为建国寺。后来该寺被毁。唐朝景云年间，一位名叫慧云的和尚想将一尊一丈八尺高的弥勒佛塑像，放在开封城内的安业寺内，但遭到安业寺和尚的反对。后来，慧云和尚募捐买了一块地修寺。在修寺过程中，从地下挖出一块北齐修建建国寺的石碑，方知此地是建

雄伟的开封相国寺

国寺旧址，于是将修建好的寺庙仍定名为建国寺。不久唐睿宗将寺名改为相国寺，并亲笔书写了"大相国寺"匾额，以表示自己是由相王当上皇帝的。

唐时修建的相国寺规模宏大，占地约540亩，分大小院落14座，有殿堂房屋400余间，殿宇高大，装饰富丽。寺内存有许多佛、菩萨的铸像、塑像、雕像，墙上布满了表现佛、菩萨故事的壁画，色泽斑斓，金碧辉煌。这些艺术作品中，有吴道子的《文殊维摩像》、石抱玉的《护国除灾患变相》、车道政的《北方毗沙门天王像》等，可谓稀世之宝。然而，这仅是相国寺历史上的初兴时期。到了宋朝，宋太宗、宋真宗都曾下旨对相国寺进行整修、扩建，并在寺前新修了一座相国寺桥。扩建后的相国寺大殿如小山，巍峨壮丽；廊房如鸟翅，舒展开朗。殿内的布置也更加富丽堂皇，除原有佛像外，又增加了铜铸五百罗汉像。寺内的殿阁、回廊的墙壁又新添了许多壁画。这些壁画均出自名人之手。为了使这些名画不要因为墙壁毁坏而失传，有的还绘制了副本。

宋代的相国寺，还有一个特点，即它不仅是一处佛教圣地，而且也是民间交易场所。这在佛教寺庙史上是少有的。因开封城是宋朝的京城，它既是全国的政治中心，也是全国的文化和商业中心。而相国寺地处开封城的繁华地段，并且寺院规模大，游人多，各种人都会集到这里，这样相国寺就自然而然地成了一处民间交易场所了。在这里，书籍、墨迹、字画、碑帖到处都有；杂货摊、饮食店比比皆是。此外这里还有唱戏的、说书的、玩杂耍的，热闹非凡。因此，宋代是相国寺的鼎盛时期。

明朝，是相国寺初受水害的时期。因相国寺所在的开封城，处于黄河边上，黄河的决堤、洪水的泛滥，给开封城带来了巨大的灾难。因此，相国寺也就多次遭受洪水的破坏。在明朝，相国寺虽然几经修葺，其规模和气魄已不及宋朝。尤其到了明末，崇祯十五年（1642年）封建统治者已看到自己的末日到了，下令扒开黄河，大水淹没了开封，相国寺也被淤泥埋没，成了一片废墟。

清朝，顺治、康熙时期对相国寺都曾进行过修葺。乾隆三十一年（1766年），对相国寺进行了一次全面的大修。当时，清政府征调众多的人力、物力，用银万两，历时两年又七个月，终将寺庙修葺一新。清道光二十一年（1841年），黄河再次决口，相国寺再次受到洪水、泥沙的危害。此后，相国寺长久地处于颓败之中，一片萧条景象。

1949 年以后，人民政府对相国寺进行了多次整修，使清朝乾隆时期修建的天王殿、大雄宝殿、八角殿、藏经楼等，重现昔日光彩。与此同时，又新修了门楼等建筑。这样，相国寺再一次以崭新的面貌在开封出现。

相国寺内的八角殿，也叫八角琉璃殿。殿内有一尊观音像。据史料记载，这尊观音像是由一棵银杏树雕刻而成的。它高约 7 米，四面都雕有千手千眼观音像，全身贴金，被称为四面千手千眼观音像，这是清乾隆年间的遗物。这种形式的木雕菩萨像，在全国少见。

相国寺的钟楼内悬挂着一口巨钟，重万余斤，也是清代的遗物。

武汉归元寺

归元寺位于湖北省武汉市汉阳区翠微路西端。寺内有五百罗汉塑像，远近闻名。

归元寺是在清朝顺治十五年（1658 年），由德明和尚（即白光法师）在明末汉阳诗人王章甫葵园的基址上动工兴建的。经康熙、道光年间的续建，归元寺殿堂楼阁初具规模。后因战乱，归元寺的建筑受损严重。今存殿宇房舍是清同治三年（1864 年）、光绪二十一年（1895 年）和民国初年陆续修建的。1972 年，政府又拨款对归元寺进行了大规模维修。

归元寺占地面积 2 万多平方米，建筑面积 14000 平方米。寺内的重要建筑有天王殿、韦驮殿、大雄宝殿、大士阁、藏经阁、罗汉堂等。此外，还有念佛堂、斋堂、客堂、地藏殿、钟楼、鼓楼等建筑，以及翠微古泉、翠微池等名胜古迹。

大雄宝殿是归元寺的主殿，俗称大殿。殿内正中供着释迦牟尼佛像，两旁侍立着释迦牟尼的两大弟子阿难和迦叶。佛像前的供桌是用整块柏木做成的，长 3.6 米，用镂雕、浮雕的手法刻出了五龙戏珠的图案。案面上的一组浮雕，刻的是《唐僧取经归来图》。这是一件制作精美、雕工细腻的艺术品。释迦牟尼佛像的背后，是一组海岛观音的塑像。站立在鳌头上的赤足观音，两旁侍立的善财、龙女，以及凌空的二十四诸天像，塑造得都很生动。

藏经阁是一座仿唐建筑物，2 层，高 25 米。阁内收藏有清代刻印的《龙

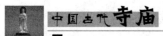

藏经》，共 7200 卷，分储于 48 个大柜中，至今完好。南宋刻刊的《碛砂藏》，国内罕见。此外，阁内还存有其他佛教经典，包括贝叶经，以及许多佛像、石刻、法器和碑帖字画等。

藏经阁内还有一个大"佛"字，是由清代人李舜年用抄写的《金刚经》、《心经》中的 5424 字组成的，也很珍贵。

罗汉堂始建于清朝道光年间，咸丰年间毁掉了，光绪年间重新修复。罗汉堂的布局呈"田"字形，构成了四个内院。堂内中间，依次布置着弥勒佛、韦驮、阿弥陀佛、观音、释迦牟尼佛、文殊和普贤菩萨，四周则排列着五百罗汉。这些佛、菩萨和罗汉像，塑造都很精美。据说，这是湖北省黄陂县的民间雕塑家用了 9 年时间塑造的。

黄石五祖寺

五祖寺位于湖北省黄石市黄梅县的东山上，距县城 16 公里。它是我国佛教禅宗的一座著名古刹。在这里，有宋代留下的石塔、石印，元代修建的石桥，清代制作的石质编钟，甚为珍贵。寺内寺外，青松密布，楠木参天，修竹成林，加之小桥、山泉、翘角飞檐的殿宇点缀其间，风景十分秀丽。

五祖寺始建于隋朝末年，初名东山寺，亦名东禅寺、双峰寺。唐朝咸亨年间（670—674 年）扩建。当时，因唐代名僧泓忍法师在寺内讲经传法，香火十分旺盛。

泓忍法师（602—675 年），俗姓周，蕲州黄梅（即今湖北黄梅县）人。七岁出家，后到东山寺修行。泓忍法师佛学造诣颇深，著有《最上乘论》等。其弟子甚多，著名的有神秀、慧能、慧安、智诜等。以后慧能被尊为禅宗六祖，他的师父泓忍被尊为禅宗五祖。从此，东山寺被更名为五祖寺，直到今天。

到了北宋时期，五祖寺得到了大规模的扩建。此时，全寺有殿宇九百多间，寺僧千余人，来往香客、信徒数以万计。后因年深日久，油漆剥落，廊宇残破，至明代万历年间，五祖寺得以重建。清朝咸丰四年（1854 年），五祖寺被兵火烧毁，不久再度重建。1938 年日本侵略军的炮火毁坏了大雄宝殿

遥望黄石五祖寺

等建筑，五祖寺受到了很大的破坏。1949 年以后，五祖寺的建筑多次得以维修，环境不断美化。如今的五祖寺不但殿宇恢宏，佛像俱全，香火旺盛，而且四季风景如画，鸟语花香，香客、游人不绝。

五祖寺沿着山坡修筑，其殿宇、廊庑、寮房等建筑，随山就势，层层递高。从山脚下的一天门——第一道山门，经二天门——第二道山门，到东山顶峰白莲峰，其建筑绵延长达 3 公里。殿堂塔室之间，以石级磴道相连，蔚为壮观。

五祖寺的主要建筑，有山门、钟楼、鼓楼、天王殿、麻城殿（毗卢殿）、圣母殿（奉祀泓忍法师的母亲周夫人）、观音殿、真身殿以及方丈院、戒堂、禅堂、斋堂、大寮、小寮、库房，等等。此外，还有讲经台、授法洞、罗汉洞、桃源洞、舍身崖、狮子石等名胜古迹。

然而，五祖寺中最为珍贵者，还是它的宋代石塔、石印，元代石桥，以及清代的石编钟等。

释迦多宝如来佛塔，距一天门百余米，建于北宋宣和三年（1121 年）。这座塔，是用灰色青砂岩石砌成的石塔，八角五级。塔下的须弥座，为束腰莲瓣形。其八个角上，各设有一尊刚健有力的托塔力士，造型生动。塔身形如立鼓，南面开有佛龛，龛内供有佛像。佛龛的右侧，刻着"释迦多宝如来佛塔"八个字；左侧，镌刻着募集者姓名。塔顶，冠以覆钵和宝珠。全塔雕刻秀美，工艺精湛。

十方佛塔，又叫诸佛塔、七佛塔，离释迦多宝如来佛塔不远。此塔亦建于北宋宣和三年，也是用灰色青沙砾岩石砌就的石塔。塔八面七级，高6.36米。塔身第一层正面设有佛龛，龛顶上有"十方"二字，龛下刻着一个巨大的"佛"字。其余七面，分别刻着七如来的名字，即南无多宝如来、宝圣如来、妙声色如来、广博声如来、离怖畏如来、甘露玉如来和阿弥陀如来。二、三、四、五层的正面也都设有佛龛，龛中均有佛像。

像这样的北宋石塔，五祖寺中共有四座，十分难得。

在方丈院内，有两件极为珍贵的历史文物。一件是北宋时期制作的汉白玉石大印。这颗印，长、宽、高各为11厘米，重2.5公斤。印把上雕刻了一只雄狮。印文篆字为"天下祖庭大满真身宝印"。印座上刻着"北宋真宗皇帝于景德年间勒雕"的字样。大满，为泓忍和尚圆寂后，唐代宗李豫给他的谥号"大满法师"。泓忍在东山寺讲法时，僧众云集，号称"东山法门"。唐以后，经五代至北宋，历代封建统治者均推崇他。所以，宋真宗诏刻此印，作为历史宝物，自然相当珍贵。

元代修造的石桥，即飞虹桥，在五祖寺山门之内。桥以青条石砌就，长33.6米，宽5.16米，高8.45米。桥面上建有凉厅，凉厅两端修有牌坊式门楼，典雅别致。桥下有山泉流过，淙淙悦耳。

清乾隆二十六年（1761年）用绿松石磨制成的"乾隆编钟"，陈列于五祖寺麻城殿内。若以木、铁等不同材料制作的锤子敲击，编钟便会发出如钟、如磬等五种不同的声音，非常动听。

在方丈院内还有一件珍贵文物，那便是唐代名僧、禅宗六祖慧能的坠腰石。传说，慧能刚到东山寺拜泓忍为师学法时，先是当役僧。为增加舂米时的碓力，他便腰系一石。泓忍见他如此用功，十分赞赏，以后便将禅宗的衣钵亲传给他，使他成了禅宗六祖。这块坠腰石，高36厘米，宽40厘米，厚10厘米，石上刻着"六祖坠腰石""龙朔元年"等字样。龙朔，是唐高宗李治的年号。龙朔元年，即公元 661 年。由此推断，此石似当为唐代遗物。

此外，在白莲峰前，正对五祖寺，还有一座石塔，名叫大满禅师塔，是泓忍法师的弟子为纪念他而修造的；在圣母殿的西侧石头上，面对如碧的白莲溪，刻有据说是北宋大文豪苏东坡书写的"流响"二字；在麻城殿、圣母殿内，还陈列着数百件黄梅县的出土文物和历代名人字画，其中还有不少的古人真迹。这些都为五祖寺增色不少。

广州六榕寺

位于广东省广州市朝阳北路（六榕路）。寺中有宋代的禅宗六祖铜像和花塔，远近闻名。

此寺始建于南朝梁大同三年（537 年）。北宋初年被火烧毁。端拱二年（989 年）重建，更名净慧寺。元符三年（1100 年），大文豪苏东坡来寺游览，

广州六榕寺佛像

并据寺中榕树数目，题写了"六榕"二字，从此更名为六榕寺。明洪武二十四年（1391 年），将寺的一半改做粮仓，另一半留做寺院，后经不断维修，这就是今天的六榕寺。

六榕寺的现存主要建筑有大雄宝殿、六祖殿、观音殿、花塔和碑廊等。

花塔正名叫作舍利塔。始建于梁大同三年（537 年）。初为木塔，后重建为砖木结构塔。因塔身装饰华丽，人们将它称为花塔。塔高 57 米。平面为八角形。外观九层，内部实为 17 层。塔外有回廊。塔内有楼梯，右上左下，可以上达。塔刹中的铜柱铸造于元至正十八年（1358 年）。柱身上铸刻有佛像千尊。由铜柱、宝珠、九霄盘、铁链构成的塔刹，重五吨。立于塔顶，庄重秀丽。

在六祖殿内，有北宋端拱二年铸造的、重达千斤的六祖慧能铜像 1 尊。在观音殿内，有清康熙二年（1663 年）铸造的、重达 10 吨的铜佛像 3 尊，重达 5 吨的观音铜像 1 尊。碑廊内保存着宋、元、明、清时期的石碑 20 余座，这是研究寺史和岭南历史的可靠历史资料。

曲江南华寺

位于广东省韶关市曲江县马坝的南华山麓。这里是我国佛教禅宗六祖慧能（638—713 年）接受传承衣钵、创立并发展禅宗南派的地方，被誉为粤东第一名刹。

南华寺始建于南朝梁天监三年（504 年），初名宝林寺。唐代，先后赐名中兴寺、法泉寺。宋代开宝三年（970 年），又被赐名为南华禅寺。寺院建筑屡经修缮，保存较为完好。

南华寺占地 1.2 万平方米。殿堂布局严谨。中轴线上的重要建筑有曹溪门、宝林门、天王殿、大雄宝殿、藏经阁、灵熙塔、六祖殿等。配殿等建筑分列两侧。

南华寺珍藏的文物非常丰富。六祖真身座像，供奉于六祖殿内，像高 0.8 米。专家们说，这是以经过处理的六祖肉身为基础，由六祖的弟子方辩用夹纻漆塑的方法塑制成的。宋木雕五百罗汉像，原藏于大雄宝殿三尊大佛的腹内，1963 年才被发现。从罗汉身上的铭文得知，这批罗汉雕造于宋庆历三年至八年（1043—1048 年）间。

广西贵县南山寺

坐落在广西壮族自治区贵县南山公园内狮山山麓。这是一座将寺、山、洞巧妙结合为一体的古老寺院。寺内还有一口宋代大铁钟，很是名贵。

南山寺始建于宋端拱二年（989 年）。景祐二年（1035 年），宋仁宗亲题"景祐禅寺"匾，遂更名景祐寺。元代，文宗皇帝亲题"南山寺"匾，从此更名南山寺。寺内建筑屡经修葺，至今保存完好。

随山而建的南山寺，山门、金刚殿、景楼等，是它的重要建筑。大石洞也成了它的殿堂。

在金刚殿后，有一处高八九丈、宽十余丈的大石洞，可容千余僧众。这是南山寺僧诵经聚会之处。洞里有石佛像、石菩萨像和十八罗汉像。其中有一尊弥勒佛像，高达 2.7 米。此洞早已成为南山寺的一座重要殿堂。洞中千奇百怪的钟乳石，历来引人注目。

在南山寺内，还有一口高 2 米的大铁钟，人称飞来钟，铸造于宋天圣三年（1025 年）。此外，寺内还有宋、元、明、清的石碑，这也是珍贵的历史资料。

中国台湾鹿港龙山寺

中国台湾鹿港龙山寺位于台湾彰化县鹿港，是台湾省佛教寺院中现在保存年代最早而又最完整的佛寺之一。不仅规模宏大，而且艺术价值很高，已被列为了一级古迹。在台湾有两个龙山寺，均建于乾隆时期。另一处在台北艋胛，但寺院建筑为后代重修，历史及艺术价值已经大不如前。

宝岛神寺——龙山寺

　　鹿港龙山寺，创建于清乾隆五十一年（1786年）。其后虽经嘉庆、道光、咸丰年间多次维修，但整个布局与形制未改，结构与雕饰也保存了原状。龙山寺整齐对称，坐东向西，中轴线上的主要建筑为山门、五门、戏台、拜亭、大殿、后殿等。中轴线的两侧有配殿廊庑，建筑数量甚多，进深很大。山门为重檐歇山式，进山门之后，是一铺石的宽阔庭院，气势甚是宏大。庭院正中为第二进大门，因其面宽五间所以又称之为五门。门的屋顶形制隆重，居中三间屋顶高耸，两旁两间左右低下，构成高低起伏的形势。五门之后，建有戏台与之相连。戏台结构与形制复杂而又有变化，面对正殿广场的一面，向上反翘卷起，以利于看戏者的视线。戏台之内有八卦形的藻井与天花，由16组斗拱，五级层层挑出承托而成，被称之为台湾古戏台之杰作。正殿为重檐歇山式屋顶，其前有三开间宽敞的拜亭为信众们礼佛祈拜之用。殿内所供观音菩萨像其背光为火焰金身，是否原物，不得而知。后殿在日本侵占时期被火烧毁而重建，已非乾隆时期原物。

　　鹿港龙山寺，被中国台湾古建筑专家们评为寺庙建筑之"第一佳构"，无论从建筑的平面布局或木结构组合来说都有其独特的创意，戏台的结构尤有独到之处。木、石雕刻艺术，更是龙山寺建筑艺术的精品。鹿港在乾隆时期为台湾之港，砖木石材大都从内地运来，选材十分精良，工匠也来自内地福建等地，技艺高超。

知识链接

趣话弥勒佛

当人们来到一座座佛教寺庙，几乎都可以见到一尊大和尚的塑像：他袒胸露乳，翘首昂视，长年累月地笑迎来自五湖四海的宾客。这就是民间常说的"大肚弥勒佛"、"大肚罗汉"或"笑佛"。

按照佛教的说法，弥勒还够不上佛的资格，只能算作菩萨。虽说比佛低一级，可他是佛教创始人释迦牟尼指定的接班人，将来是能成为佛的。因此佛教徒把弥勒的形象塑造成两种：一种是佛的面貌，即寺庙大雄宝殿供奉的"过去、现在，未来"三世佛中的未来佛就是弥勒的化身，例如雍和宫的大佛就是未来佛弥勒。另一种是菩萨的面貌，他头戴天冠，端坐莲花台。例如北京广济寺天王殿内的塑像，正是弥勒。

大肚弥勒佛的形象，完全是中国人创造发明的。传说这位大和尚是五代梁朝浙江奉化岳林寺的一名出家人，自称"契此"，法号"长汀子"，平日手挽布袋，口诵佛号，在城乡化缘。相传他极为珍惜粮食，每见五谷掉在地上，便随手捡入布袋中，用来施舍穷人，因而又有"布袋和尚"之称。后来，他坐在岳林寺门前向大众口颂偈经，自称是"未来佛弥勒"转世，并现出原形让众人看，然后圆寂而去。从此民间轰动，纷纷传说此和尚就是弥勒的现身。人们出于对大肚弥勒的喜爱，纷纷在寺庙供奉他的塑像。历代劳动人民曾多次利用"弥勒降生"为号召，揭竿起义，沉重地打击和动

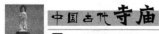

摇了封建王朝与地主阶级的统治地位。著名的"白莲教"就是以"弥勒佛当有天下"为口号的。小说《西游记》中还有关于"布袋和尚"的精彩描写,那位黄眉童子正是偷了弥勒的大布袋而兴妖作怪的!各路天兵天将一同被收入布袋,就连神通广大的孙悟空也奈何不得,最后还是弥勒佛用计谋降伏此妖将布袋收回,才使得唐僧师徒继续西天取经。

千百年来,大肚弥勒佛成了家喻户晓、妇幼喜爱的形象。人们已不把他当作佛和神看待,而是率意夸张地表现和创造他的形象,赋予他一副大腹便便、笑容可掬的模样。人们甚至大胆地让九个顽童在"弥勒佛"身上嬉闹玩耍,这就更增添了一种喜庆的色彩。如今,人们还把大肚弥勒佛做成各种质料的工艺品,让他走进千家万户,甚至漂洋过海,走向世界。

第五章

西南与西北地区著名寺庙

　　我们今天看到那些宏伟的宫殿、庄严的寺庙、幽静的园林、丰富多彩的民居时,都会发出由衷的惊叹和赞美。这些古建筑的奇思妙构和那独特的魅力,仿佛把我们带入另外一个世界。本章将重点介绍我国西南、西北地区著名寺庙,带你认识一个不一样的世界。

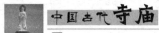

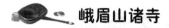

第一节
四川地区著名寺庙

峨眉山诸寺

　　峨眉山雄踞于四川盆地西南，全山纵横 200 余公里，顶峰万佛顶海拔 3099 米，雄浑秀丽，气象万千，素有"峨眉天下秀"之称。峨眉山层峦叠嶂、流泉飞瀑、古木参天、繁花夹道、风景雄秀。随着季节的变化和地势的不同，阴、晴、风、雨、云、雾、霜、雪的渲染，景色更加神奇。著名的风景有"双桥清音""白水秋风""大坪霁雪""洪椿晓雨""九老仙府""象池夜月""金顶佛光"，等等。各具佳趣，引人入胜。峨眉山又为中国四大佛教名山之一，佛教四大菩萨之一普贤菩萨的道场。早在公元 2 世纪始建庙宇，至公元 15 世纪前后为最盛，寺庙多达百余座。现今著名的有报国寺、伏虎寺、雷音寺、万年寺、洪椿坪、仙峰寺、洗象池等。这些寺庙错落有致地位于山崖峡谷，依山因势，各有特色。历代名流游览峨眉，赋诗作画，古迹相传，琳琅满目，美不胜收。

峨眉山报国寺

　　坐落在四川省峨眉市南的峨眉山麓，离城 7 公里。这是我国四大佛教圣地之一的普贤菩萨道场，是峨眉山八大寺之一。寺内保存着明代铜塔、铜钟和大瓷佛，中外驰名。

明万历年间（1573—1620年），人们在伏虎寺对面建了一座寺庙，寺内供奉着佛教的普贤菩萨、道教的广成子、代表儒教的春秋名士陆通，取佛、道、儒三教会宗合祀之意，将寺庙定名为会宗堂。明末，寺毁。清顺治年间（1644—1661年），人们在今址重建。康熙四十二年（1703年），玄烨皇帝题写了"报国寺"大匾，遂更名为报国寺。

驰名中外的峨眉山报国寺

同治五年（1866年）扩建。后经多次维修，报国寺保存甚好。

山门、弥勒殿、大雄殿、七佛殿和藏楼，位于报国寺的中轴线上。花影亭、七香轩、凝翠楼、待月山房等，布列两侧。杜鹃、山茶、丹桂、蜡梅等种植在庭院中，四季长青，花香不断，报国寺的环境很是优美。

寺内现存的文物很多，其中珍贵者不少。明代铸造的铜塔，又名紫铜华严塔，矗立在大雄殿后。铜塔通高7米。塔身分上、下两部，每部铸有楼阁7层。全塔共铸《华严经》1部，小佛像4700尊。莲花铜钟，高2.8米，唇径2.4米，重量达12500公斤。此钟铸造于明嘉靖四十三年（1564年）。钟上铸有晋、唐以后历代帝王和高僧的名讳，以及《阿含经》一部。人称天府钟王。现悬挂在圣积晚钟亭内。在七佛殿后，有一尊高达2.47米的大瓷佛像，佛像的底座上，有千叶莲花图案，佛身上披有千佛袈裟，体现了一花一世界，千叶千如来的佛教思想。这尊卢舍那佛瓷像，是明朝永乐十三年（1415年）江西景德镇烧制的。此外，在七佛殿中，还有北宋著名文学家黄庭坚书写的四幅《七佛偈》木条屏，也很珍贵。

在大门外，有当代大文豪郭沫若题写的"天下名山"牌坊，著名爱国将领冯玉祥题写的"名山入口"四个大字，也是不可多得的珍品。

峨眉山伏虎寺

伏虎寺坐落在四川省峨眉山麓。这是我国四大佛教圣地之一的普贤菩萨道场峨眉山的一座名刹。寺内的紫铜古塔、稀有植物杪椤树、稀有蝴蝶枯叶

蝶，久负盛名。

此寺始建于唐代，宋代叫作神龙堂。明末寺毁。清顺治八年（1651 年）重建，更名虎溪精舍，又名伏虎寺。后经不断维修，殿堂保存完好。

伏虎寺的现存重要建筑有山门、中殿、正殿和御书楼。此外，还有禅堂、僧房等。

在正殿左侧的华严宝塔亭内，有一座高 5.8 米的紫铜古塔。塔分 14 层。塔上铸有佛像 4700 余尊、《华严经》195048 字，刻工极为精细。

在华严宝塔亭下的虎泉之滨，有八大濒危植物之一的杪椤树。这种植物原生于海底，后逐渐成为陆生品种，生长在 1.7 亿年前，冰川时期大量死亡。现在，这种植物所存不多。1982 年，已被我国列为重点保护的珍稀植物名录中。

春夏之际，成群结队的稀有蝴蝶枯叶蝶，飞到伏虎寺内外，为古寺增光添彩。

在伏虎寺内，还有一种令人称奇的自然现象，那就是地处密林的殿堂屋面上没有一片枯叶，连清朝康熙皇帝都感到奇怪，把它称为"离垢园"。古人说，这是神力所为。而实际上，伏虎寺地处山谷中，回旋风四时不断。屋面上没有枯叶，是风卷残叶的结果。应当说，这也是伏虎寺的一"奇"。

峨眉山万年寺

万年寺主要建筑之一的行愿楼上，珍藏着贝叶经、御印和佛牙三件文物，佛教界尊其为"峨眉山佛门三宝"。

这个梵文贝叶经长 50 厘米，宽 12.5 厘米，以泥金书写梵文《华严经》于黝黑色的贝多罗树叶上，共 246 页。在造纸术发明前，古印度僧人经常使用此树叶沤水后晾干书写佛经。梵语称这种树叶为"贝多罗"，故称贝叶经。古印度僧人喜欢用贝叶经书写佛经，因为贝多罗树叶有防蛀虫、不发霉、不干碎三大特点，所以能长久保存。大量贝叶经从印度和斯里兰卡传入我国和东南亚一带，对佛教文化的传播起了很大的推动作用。古典诗词对联中，常常用"贝叶"代指佛教经书。

峨眉山万年寺

明代万历十九年（1591 年），峨眉山无穷禅师、性宽禅师前往京师，请求皇室资助修建峨眉大佛寺。慈圣太后欣然发帑金，并将印度僧人进贡的贝叶经转赐无穷禅师。峨眉大佛寺建成于 1605 年，后来被毁坏，这部珍贵的贝叶经于是由万年寺收藏。

御印长宽各 13 厘米，正中刻"普贤愿王之宝"六字，上方刻楷体"大明万历"，左边刻"御题砖殿"，右边刻"敕赐峨山"。明代穆宗朱载厚的孝定李皇后，年轻时久未生育，曾经派人到峨眉山白水普贤寺（今万年寺）普贤骑象铜像前进香求嗣，许愿若怀男婴，定为菩萨穿金，重修庙宇。不久，李皇后怀孕了，生下朱翊钧，被立为太子。

万历元年（1573 年），朱翊钧登基为神宗，尊号其母为"慈圣皇太后"。他们母子对普贤菩萨的感激之情异乎寻常，不时赏赐白水普贤寺。万年寺的后方曾经有座小巧的慈圣庵，就专门用来存放慈圣皇太后和万历皇帝赐品的。

万历二十七年（1599年），白水普贤寺罩护普贤铜像的木阁毁于大火。第二年，慈圣皇太后赏赐黄金重修，僧人台泉仿造印度的热那寺建造无梁砖殿庇护铜像，于万历二十九年（1601年）七月竣工。适逢慈圣太后六十大寿，神宗亲自题额"圣寿万年寺"，从此该寺改名为万年寺，同时还赐了这颗御印。因为是帝王赏赐，虽然为铜质僧人亦尊称为金印。

万年寺"三宝"中经历最为离奇、最为神秘的要数那枚佛牙了。这枚佛牙长42.66厘米、重6.5千克，光润如玉，于金黄色中透出紫色条纹。

据专家鉴定认为，它是20万年前我国南方剑齿象的牙化石。这颗象牙之所以叫"佛牙"，是因为它是宋代僧人从佛国斯里兰卡带来的，万年寺的僧人故而以此名作为美称，来表达他们崇佛的心理。

万年寺坐落在峨眉山观心岭下，背依峻岭，前方皆阔，远处峰峦历历。每当"三秋雨水，白云轻飞，秋风号林"之时，万年寺周围层林尽染，古树葱茏，美不胜收，便形成了峨眉十景之首的"白水秋风"胜景。

安岳卧佛院

安岳卧佛院（遗址）位于四川省安岳县城北面25公里的八庙乡，因其所属巨大卧佛而得名。此卧佛是全国现存盛唐时期最完美的摩崖造像，也是全国最大的左侧全身卧佛。它比大足宝顶卧佛镌刻的时间要早400多年。卧佛院内40多万字的石刻经文，是玄奘传下来的全国最早的译经版本，堪称国家瑰宝。1998年，国务院公布安岳卧佛院为全国重点文物保护单位。

卧佛院摩崖造像位于八里乡卧佛沟。造像分布于呈"几"字形沟内的南北两岩崖壁，在长达0.5公里的范围内凿有139个大小龛窟，共造像1593尊。这些作品刀法明快，简洁洗练。其中，尤以北岩第4窟的"释迦牟尼涅槃图"最为恢宏壮观，人们俗称"卧佛"。卧佛镌刻在距地面5米的崖壁上，全长23米，头长3米，肩宽3.1米。它背北面南，头东足西，左侧而卧，两手齐腿，自然平放，面部丰盈，神态安详，双目微闭，似睡非睡。卧佛形体修长，身着袈裟，袒胸露肌，头蓄螺髻，耳戴圆形绽花环，头枕扁形荷叶枕，惟妙惟肖地展现出释迦牟尼"涅槃"时那超脱一切的意境。

卧佛头顶后方，立一半身守卫力士，高 1.9 米，上身赤裸，左手握拳，环眼而视，洞察四周。卧佛的足踝处挺立 3 米高的护法力士，右手攥拳，左手五指大张，横眉怒目，威严逼人。卧佛上方刻有释迦牟尼说法图及"天龙八部"等，图中 20 余尊菩萨、弟子、鬼王、力士造像，神态各异，栩栩如生，既烘托出他们恭听佛法、护卫佛法的严肃场面，又把释迦牟尼最后解说涅槃经时，诸弟子八部众悲泣、嚎哭、愁楚、凝重的神情表现得淋漓尽致。

卧佛院最具规模和价值的，当数南北岩壁上开凿的 55 个藏经洞内的大批石刻佛经。经文刊刻在洞窟的正面和两侧，总面积达 150 多平方米，有 40 万字。有《佛说报父母恩重经》等 20 多部，其中《檀三藏经》是现存佛经中的绝版。

 知识链接

张飞庙的故事

张飞庙坐落在长江南岸，背依飞凤山，与四川云阳古城隔江相望，山青水秀，堪称"巴蜀一胜境"。该庙始建于蜀汉末年（3 世纪末叶），又名张桓侯祠（张飞死后追谥桓侯）。庙前临江石壁上有"江上风情"四字，每字两米见方，是云阳清代名书法家彭聚星所书。庙内有正殿、旁殿、结义楼、望云轩、助风阁等组成的建筑群。正殿供张飞像，两侧有战马，是当代雕塑家王宫乙于 1981 年新塑。结义楼之名取意于刘备、关羽、张飞桃园三结义之说。殿内陈列着自汉唐至明清各代的书法、绘画、木刻等艺术珍品。庙内现存石碑、摩崖石刻等 300 多幢，木刻名家字画 200 多幅，堪称"文藻胜地"。

赤壁大战后，关羽奉命驻守荆州。他拥兵自傲，中了孙权调虎离山之计，被孤军诱至樊城。此时，东吴大将吕蒙奇袭荆州，关羽搬兵回救，夜走麦城时不幸身陷埋伏圈，关氏父子惨遭杀害。噩耗传至阆中，张飞肝肠寸断，痛不欲生，发誓要为关羽报仇雪恨。他传令末将范疆、张达三日内备齐白旗白甲，全军挂孝出征。

范疆、张达苦于时限紧迫，担心无法按期完成使命，遂找张飞说明情由，却遭鞭笞。二人同感横竖难逃一死，于是趁张飞醉酒之机砍下了他的首级，连夜驾轻舟投奔东吴请赏。

船至云阳地界，舱内顿生恶臭，原来是浸在油缸内的张飞首级开始腐烂。范疆、张达又一番谋划，认为那孙权也是狡诈之人，若他见到张飞面目全非的头颅疑是他们诈降，反会遭杀身之祸。二人决定还是及早逃命为好，当即取出张飞头颅往江中一抛，弃船登岸，遁入大巴山莽莽密林之中。

此时，长江边有位夜渔的老翁，无意间目睹此事，好生奇怪，暗想在这深更半夜如此行动诡秘之徒，决非善良之辈。待两条人影消失，老渔翁驾舟驶入江心，连撒十几网，才捞起一个黑布包裹，打开一看，竟是个龇牙咧嘴、面目可怖的人头，两只牛铃般的大眼正死死盯住自己，吓得哎呀一声，将手中头颅胡乱一抛，没命似地跑回家里。老渔翁连喝下几口酒才渐渐缓过神来，可是一闭眼，那颗湿漉漉、双目圆睁的人头又在脑海中闪现。他琢磨，莫非死者有什么冤屈？便返回江中将那颗头颅又打捞起来，天亮后送交官府查办。

云阳县令急忙下令查寻死者为何人？查来查去未获结果。过了些时日，阆中传来范、张二人割掉张飞首级后潜逃的消息，经验证，确认这无名头颅正是张飞首级。

云阳百姓早闻张飞是蜀国的一员良将，曾跟随刘备出生入死，立下赫赫战功，如今死于非命，无不伤心落泪，便募集银两，将张飞的首级厚葬在长江岸边的凤凰山麓，面朝铜锣渡口。这就是张飞"身在阆中，头在云阳"说法的来历，为了凭吊他，当地人又集资在张飞墓前建了座庙宇，名曰张飞庙。

第二节
云南及其他地区著名寺庙

昆明圆通寺

　　圆通寺位于云南省昆明市中心的北部，与昆明动物园相邻。这是昆明市内建筑时间较早、规模较大的一座寺庙。由于该寺的布局独特、环境优美，

景色优美的圆通寺

是人们礼佛、游览的好地方。

圆通寺初建于公元 8 世纪末 9 世纪初的唐朝南诏时期，最早定名为补陀罗寺。"补陀罗"一词，是梵语音译过来的，它也被译成"普陀""普陀落伽"等。佛经上说，观世音菩萨就住在普陀落伽山上。南诏时期修建的这座寺院，也以补陀罗命名，它就成了中国佛教史上较早的观音菩萨的道场了。补陀罗寺在元朝大德五年（1301 年）大修时，才改名为圆通寺。圆通寺在明、清两代，也进行过程度不同的修葺。我们现在看到的寺内主要建筑，绝大部分是清朝时期的遗物，但在这些建筑物中，也还能看到一些过去留下的遗迹。

圆通寺坐北朝南。沿中轴线一直向北，主要建筑有山门、"圆通胜境"牌楼、天王殿、弥勒殿（八角亭）、圆通宝殿。这些建筑物一个比一个辉煌，但其所处的地势却是前高后低。

圆通寺的中心就是地势最低处的放生池，寺院的主要建筑也就都分布在放生池的周围。在佛寺的建筑中，许多寺院都有放生池，但它们绝大部分都分布在寺院的中轴线之外。而圆通寺的放生池与它们不一样。它不但处在中轴线上，而且还处于寺院的中心部位。这是该寺的一大特点。

放生池水面宽广。池的中心建造了一座殿堂，那就是弥勒殿。此殿高约10 米，是一座二层、八角重檐结构的亭子形建筑，故又被称为八角亭。亭的南、北各有一座三孔汉白玉石桥与两岸相连。池边有回廊、亭榭环绕。这种典型的江南园林建筑风格，被运用在庄严、肃穆的佛教寺院建筑中，这在全国也是少见的。因此，圆通寺又有"水院佛寺"之称。

圆通寺内的主要大殿，是圆通宝殿，也称大雄宝殿。大殿正中，供奉着元代彩塑的过去佛、现在佛、未来佛的佛像，两旁还塑有 12 尊神像。殿堂中间的两根立柱上，各盘绕着一条明代塑制的巨龙。它们高昂着头，似在静静地聆听佛祖释迦牟尼讲经说法。殿内墙壁上，还保留着文殊侍法画像的残片。这是本地少见的元代壁画，甚为珍贵。

圆通宝殿的后边，是绵延几百米的石壁。在这些石壁上，留下了许多文人墨客的笔迹。这些凿刻在石壁上的佳作，不但有诗、有字，还有佛像。它们又使这里成了云南石刻艺术的宝库。

新中国成立后，圆通寺曾一度是云南省博物馆的所在地。1977 年，人民政府拨款对圆通寺进行全面的维修，使这里的山更青、水更绿、殿堂更辉煌。1983 年佛教协会接管后，圆通寺成了昆明市最大的宗教活动场所。

昆明筇竹寺

筇竹寺坐落在云南省昆明市西北十余公里处的玉案山中。它以雕塑精美、风格各异的五百罗汉塑像闻名于世。

据记载，筇竹寺始建于元朝初年，取名玉案寺，后改名为筇竹寺。明永乐十七年（1419 年），该寺被大火烧毁。永乐二十年（1422 年）至宣德二年（1426 年）重新修建。到了清朝又进行了两次大修，一次是康熙二十三年（1684 年），另一次是光绪十一年（1885 年）至十七年（1891 年）。我们今天看到的寺内绝大部分建筑，都是清朝的遗物。

筇竹寺山门朝东。寺内的主要建筑有山门、天王殿、大雄宝殿。此外还有分列于两侧的梵音阁、天台来阁及僧舍、客堂等等。

筇竹寺的殿堂建筑时间虽然较晚，但殿内的五百罗汉塑像却很有特色。

筇竹寺的五百罗汉被分别安置在梵音阁、天台来阁和大雄宝殿内。据统计，梵音阁、天台来阁各存 216 尊，大雄宝殿两侧共存 68 尊。总数为五百尊。梵音阁、天台来阁内的罗汉分三层排列。一、二层的罗汉较为高大，身高 1.2 ~ 1.4 米；第三层较小，高度不及 1 米。大雄宝殿内的罗汉都有坐骑，形态十分生动。

这五百尊罗汉，是清朝光绪年间四川合州（今合川）的民间工匠黎广修和他的五位弟子，应当时筇竹寺的住持梦佛和尚之请，用了 7 年时间塑造完成的。在此之前，黎广修师徒曾在四川新都宝光寺塑造了五百罗汉。因此，筇竹寺五百罗汉的塑造时间晚于新都宝光寺。虽然这两个寺庙中的五百罗汉都出于同一师父之手，塑像有许多共同之处，但筇竹寺的五百罗汉，主题思想更突出，艺术上也更成熟，所以形态也更生动、更逼真、更吸引人。

大体说来，筇竹寺的五百罗汉塑像，具有以下几个方面的特点。

第一，罗汉群像富于动感和变化。在这些罗汉中，有的躺着，有的坐着，

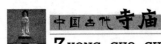
有的站着，有的跑着，有的仿佛在说，有的似乎在唱，有的凝思，有的叫卖……传统的正襟危坐、僵滞呆板的罗汉形象看不到了，代之而立的是这群生动活泼、呼之欲出的罗汉群像。它们不是冷漠、严肃、缺乏表情的神，而是一群看之熟悉、睹之亲切的人，这是人间生活的再现。所以有人评论，筇竹寺的罗汉，神的成分少了，人的成分多了，是很恰当的。

第二，罗汉群像充分体现了"众生平等""众生皆有佛性"的大乘教思想。在罗汉群中，有康熙、乾隆皇帝，有文臣、武将等达官贵人，有书生、樵夫、渔民、买卖人等黎民百姓。泥塑作者黎广修和他的弟子们的形象，也在罗汉群中。真龙天子和黎民百姓都成了罗汉，王公大臣和劳苦大众也能平等地谈论佛理。这除了体现出"众生平等""众生皆有佛性的"宗教思想外，同时也表现了作者绝对平均主义的乌托邦思想。

黎广修和他的弟子们之所以能够创造出这么好的作品，除了他们有高超的技艺之外，还在于他们能够深入生活、仔细观察各种人和事，熟稔于心，再进行艺术创造。他们经常出入于茶馆、酒楼、戏院和昆明的大街小巷。儒生、武夫、市民们的一颦一笑，一举手一投足，凡是能表达人物思想感情的动作，他们都记在心里。所以，他们才塑造出了这么多生动、逼真的罗汉形象。就是他们用夸张手法塑造出来的伸手摘月的长臂罗汉、跨海奔走的长脚罗汉，也使人感到亲切，一点儿也不显荒诞。

此外，在这些罗汉群像中，还有脚踏一枝芦苇渡过长江的佛教禅宗始祖达摩，以及民间故事中戏金蟾的刘海等人物形象。

新中国成立后，人民政府对筇竹寺的保护十分重视。1979 年，政府拨出专款对该寺进行全面维修。如今，文物荟萃、以罗汉塑像而著名的筇竹寺，殿堂巍峨，香烟缭绕，茂林修竹，环境清幽，既是佛家圣境，又是旅游胜地。

昆明曹溪寺

曹溪寺位于云南省昆明市郊安宁县西北 7 公里处的半山腰中，是泉流淙淙、林木繁茂的风景区内的一颗明珠，为世人瞩目。

曹溪寺始建于我国历史上的大理国时期（938—1254 年）。据说，禅宗六

曹溪寺

祖慧能（638—713年）曾为广东韶州（今韶关）宝林寺住持。宝林寺面临曹溪，环境幽美。崇拜慧能的禅宗弟子们，看到安宁西北的螳螂川一带，溪水潺潺，绿树成荫，金蟾泉、珍珠泉四时不绝，自然环境酷似韶州宝林寺，遂在此建立寺庙，并以曹溪为寺名。

　　曹溪寺自建立之后，累遭毁坏。明朝嘉靖三十一年（1552年）、清康熙三十年（1691年）、光绪七年（1881年）三次重修。现存建筑除大殿为明代嘉靖年间的遗物外，其余殿堂多为清朝时期的建筑。

　　曹溪寺坐西朝东，依山而建，殿堂屋宇层层增高。寺内现存主要建筑有山门、弥勒殿、大殿（也称大雄宝殿）、后殿，两侧还有钟楼、鼓楼、禅房、客堂等。

　　曹溪寺的大殿为重檐歇山式建筑，面阔5间，12.3米；进深5间，11米。综观全殿，古朴典雅。

在曹溪寺内，有奇景，也有许多珍贵文物。

天涵宝月又叫曹溪印月，是曹溪寺的一大奇景，全国少见。在曹溪寺大殿的上、下檐之间，有一个外方内圆、直径为41厘米的孔洞，据说，在一定的时候，当月上东山到了一定高度的时候，月光从孔洞中射向殿内正中端坐的阿弥陀佛脸上。随着月亮的自然移动，月光从佛的面部向下移动，直至照到肚脐为止。到一定的时候，有的说是农历的八月十五，60年才能遇到一次；有的说农历的每月十五就可以看到。前一种说法比较离奇，后一种说法比较接近实际，但也要看当时的天气。

天涵宝月景观的出现，是寺庙设计者们的一种宗教思想的反映。阿弥陀佛是极乐世界的教主。佛教规定，农历的每月十五日，是阿弥陀佛日。这一天，佛教信徒都要供奉阿弥陀佛。曹溪寺大殿的设计者和建筑者们费尽心思，借寺庙东向迎月升的特点，在檐下开孔借光，形成了月光印佛、佛印月的景观。可惜的是，由于历代的不断重修，使这个洞孔的角度有了改变。人们现在看到的照到佛身上的月光已不如昔日那么大、那么圆了。但是，人们虽然难以看到月光照佛，但到一定的时候，在白天也可看到日光照佛。这也可以算作一种补尝。

曹溪寺大殿正中，月光照射的阿弥陀佛像和其左侧的观音菩萨像、右侧的大势至菩萨像，都是在泥胎上用麻、丝、漆裹缠脱空而成的，厚度仅1.5厘米，遍体饰金。阿弥陀佛像高3米，观音和大势至各合2.8米。这样高大的脱胎夹纻佛像，在云南是找不到第二处的。

在大殿内阿弥陀佛、观音、大势至菩萨像的背后，还有三尊佛像，中为观音，左为文殊，右为普贤，像高1.4米。这三尊菩萨像都是木雕的。1956年，经当时的中国佛教协会副会长周叔迦鉴定，它们都是大理国时期的作品，非常珍贵。

在后殿，还有三尊铜铸菩萨像，其中观音像高3.32米，文殊像高1.9米，普贤像高1.7米。在大殿的东配殿内，有一尊大黑天神像，高1.6米。这些也都是很有价值的佛教文物。

曹溪寺内，还有数十方碑石。这些碑石，有明朝崇祯皇帝亲笔草书的"松风水月"碑，明朝著名进士杨升庵撰文的《重修曹溪寺记》《宝华阁记》

等。这些石碑文字，有的记述了礼佛朝山的盛况，有的叙述了寺庙维修的过程，有的记录了寺院的田产等。这些都是研究寺史和当时社会生活状况的好材料。

此外，寺内还有种于元代的梅花树和昙花树。寺外，还有古今闻名的珍珠泉、金蟾泉。这些景点，不但为曹溪寺增色，更是游人必到之处。

拉萨布达拉宫

松赞干布建立的布达拉宫一直供藏王居住，但后来宫殿遭到雷击，损毁了一部分。随着时代的发展，松赞干布所建的吐蕃王朝也四分五裂，内战不止，王朝灭亡之后，古老的宫堡大部分被毁于战火。现在的布达拉宫，始建于明末清初，是在松赞干布所建布达拉宫遗址上建立的，从外表看分为两大部分，两边的宫殿是白色的，称为"白宫"；中间的宫墙呈赭红色，称为"红宫"。白宫是17世纪五世达赖喇嘛阿旺·罗桑嘉措修建的。

康熙二十九年（1609年）二月，第巴·桑杰嘉措在五世达赖喇嘛阿旺·罗桑嘉措圆寂后的第八年，着手修建红宫和五世达赖喇嘛灵塔。为修建红宫清朝特意派出汉族工匠114人、尼泊尔派出工匠190人参加修建。

康熙三十二年（1693年）四月二十日举行了落成典礼，并在宫前树立了一座无字碑以示纪念。建造红宫的费用十分惊人，仅建筑材料、工头工资、塑造神像和法器以及宗教活动四项，就耗银按当时价格可折合成青稞53783112公斤，以平均每人年需180公斤计算，可供120万人吃10年；仅五世达赖喇嘛阿旺·罗桑嘉措的灵塔，耗费的银两折合成青稞就可供120万人吃5年。

由于布达拉宫最初是供藏王居住，而当时政权和宗教是分开的，因此，它只能是宫殿。在五世达赖以后，它既是政治中心，又是宗教中心，从而被称作布达拉宫而不是布达拉寺。"布达拉"是梵语音译，又译"普陀罗"或"普陀"，原指观世音菩萨所居之岛，故布达拉宫又称为第二普陀山。

布达拉宫的主体建筑由白宫和红宫两大部分组成。东部的白宫供达赖喇嘛居住，中部的红宫主要是佛殿及历代达赖喇嘛灵塔殿，西部白色的僧房是为达赖喇嘛服务的亲信喇嘛居住的地方。

也有人将布达拉宫分成四部分：红山之上的红宫、白宫、山后的龙王潭和山脚下的"雪"。龙王潭为布达拉宫后园，方圆三公里，中为湖，湖中小岛上建有龙王宫和大象房等；"雪"在布达拉宫脚下，其中安置有过去噶厦政府的监狱、印经所、作坊、马厩，周围是宫墙和碉堡。他们认为布达拉宫的整体布局，由下到上分别是"雪"、白宫和红宫，充分体现了藏传佛教中"欲界""色界""无色界"的"三界说"。

这只是就这所宫殿的颜色所作的区分，其实按照宫殿的用途和重要性来分，应该区分为白宫、红宫和日光宫。

沿台阶拾级而上，跨进彭措多朗大门，出了廊道，就进入一个高出平地六七十米的广场，这就是专供达赖娱乐的平台。台面平坦，全是用西藏特有的阿嘎土打成，面积约 1600 平方米，这是历代达赖观赏歌舞的场所，名为"德阳厦"。

在德阳厦的正西面并列三排木质扶梯，虽不高，却很陡。当中的扶梯是专供达赖和驻藏大臣上下的，一般僧众和官员，只允许从两边扶梯上下。由此扶梯而上，经达松格廊道，便到了白宫最大的宫殿东大殿，藏语称"措木钦厦"。

措木钦厦是布达拉宫白宫部分的最大宫殿，有 44 根柱子，殿堂正北是达赖的宝座，上方有块大匾，上书"振锡绥疆"四个大字，之后有"同治御笔之宝"的玺印。这里是后世达赖举行坐床、亲政大典等重大政治和宗教活动的地方，自 1653 年清朝顺治皇帝以金册金印敕封五世达赖起，达赖转世都须得到中央政府正式册封，并由驻藏大臣为其主持坐床、亲政等仪式。现在殿内仍保存着清朝顺治皇帝册封五世达赖的金册金印。在宫殿的四面则绘满了壁画，在东西墙壁上，可以见到反映松赞干布请婚、文成公主进藏以及金城公主进藏等历史事件的壁画。

出了大殿，走过灵塔就是红宫。红宫是五世达赖喇嘛圆寂后修建的，主体为达赖喇嘛的灵塔殿和佛殿。红宫中最大的宫殿叫"司西平措"，也称西大殿，与白宫的东大殿遥遥相对，是五世达赖喇嘛灵塔的享堂，建筑面积 680多平方米，有 48 根柱子。它的方柱和斗拱雕刻得十分精致，壁画很有讲究，绘有五世达赖喇嘛的生平，其中 1652 年五世达赖喇嘛到北京觐见顺治皇帝的场面绘制得极为生动。西大殿的四周，除西边为达赖喇嘛灵塔殿外，还有三座配殿：北配殿主奉释迦牟尼和历世达赖造像，还有八药师佛、三世佛。在靠墙的经架上，存有雍正皇帝送给七世达赖的北京版藏文《甘珠尔》经卷；东配殿是上天之道佛殿，主要供奉黄教鼻祖宗喀巴，其中宗喀巴铜像有 2 米高，周围还有藏传佛教史上有名的 70 多位高僧造像；南配殿为持明佛殿，主要供奉莲花生的银座像和他的 8 个化身铜像。

西大殿楼上的走廊，是有名的壁画廊，698 幅壁画出自西藏 400 多位画匠之手，上面画的多是宗教方面的内容，有各类佛、菩萨、护法神以及各世达赖喇嘛和藏传佛教高僧的画像，还有关于佛教起源的许多故事。画廊边上有个洞，叫作曲结竹普佛堂，相传松赞干布曾经在此修行。

红宫内的最高宫殿名叫萨松朗杰，其中供奉着清乾隆皇帝画像和"万岁"牌位。大约自七世达赖格桑嘉措起，各世达赖每年藏历正月初三凌晨都要来此向皇帝牌位朝拜，以此表明他们对皇帝的臣属关系。

从东大殿往上走，就到了白宫最高的殿宇，由于该处从早到晚，阳光灿烂，故称为日光殿，是布达拉宫的首脑达赖喇嘛的住处，这才是布达拉宫作为政教合一建筑的核心和灵魂。日光殿分为东、西两处，西日光殿是最早建成的，五世达赖喇嘛就曾居住在这里，东日光殿是后来从西日光殿向东扩建而成。两个殿虽连在一起，但各自都有独立功能。

西日光殿中最大的殿堂就是福地妙旋宫，藏语叫"索朗列吉"。这里是达赖喇嘛召见文武官员和举行政治、宗教仪式的殿堂。达赖宝座西侧，有五世达赖喇嘛的塑像。大殿中挂满了画有佛像的唐卡，这些唐卡名叫"一日唐卡"，因为它们都是一天之内完成的。

与一般宫殿不同，达赖喇嘛宝座的位置并不居中。宝座前摆放着念经时使用的金刚法器，宝座一侧有一个镏金的供桌，上面雕刻着龙的图案，这是佛教观念中象征宇宙观念的珍珠曼陀罗。在达赖宝座的东侧，有一个小门，门内就是历代达赖喇嘛的寝宫。

东日光殿是在十三世达赖喇嘛晚年时，在西日光殿的东部扩建的一个新的寝室。东日光殿的主殿是喜足光明天宫，藏语叫"甘丹朗赛"，这里是达赖喇嘛召见官员的地方。宝座的两侧有达赖的书房和修行室。和西日光殿一样，这里的墙壁上也画满了壁画。跨出寝室，外面便是阳台。凭栏远眺，拉萨尽收眼底。只见群山起伏，拉萨河汩汩流过，田垅阡陌，绿柳村舍，真是气象万千。

拉萨大昭寺

大昭寺建成时只用来藏经、供佛，规模并不大。后来拉萨两大寺的规模都超过它，它也不在著名的藏传佛教六大寺院之列，但其影响与声名却超过六大寺院中的任何一座。原因如下：

其一，大昭寺是拉萨最早的寺庙，而且它是松赞干布、文成公主、赤尊公主等人亲自主持修建的，因此也受到历代赞普和活佛的重视，不断加以修葺。宗教史话记载，松赞干布之后的历代赞普都对大昭寺进行了扩建。

雄伟壮丽的大昭寺

公元 11 世纪中叶，大译师帕巴喜饶和堆穷廊尔本对大昭寺进行了整修，在 15 世纪初宗喀巴的宗教改革时期大规模修建。文成公主入藏，在西藏的历史长河中是一件非常有意义的事情，从此，中原地区的农具制造、纺织、建筑、造纸、冶金等生产技术和医疗、历算等科学知识传入吐蕃，吐蕃的药材和马匹也不断地运往内地，同时还派遣弟子到长安学习。文成公主与松赞干布的联姻，对促进藏汉两族友好关系的发展和经济、文化的交流起到了积极的作用。

其二，大昭寺后来还成为藏传佛教重大活动的举行地。1409 年，藏传佛教中的格鲁派开山鼻祖宗喀巴大师为纪念释迦牟尼以神变之法大败六种外道的功德，召集各寺院、各教派僧众，于藏历正月期间在大昭寺内举行祝福祝愿的法会，时间长达 21 天，这就是著名的拉萨传昭大法会。

大法会的成功举行，使格鲁派声誉鹊起。此后，形成了定例，每年都有上万僧人聚集大昭寺诵经祈祷，参加格西考试，拉萨传昭大法会成为藏传佛教界最大法事活动。作为大法会的举行地，大昭寺名气越来越大，释迦牟尼佛像的声望也越来越高了，大昭寺成了西藏大佛事活动的中心。大法会有一项重要内容，即考"格西"，格西是藏传佛教中的高级学位，相当于我们现在所说的博士、硕士。

在大法会期间，拉萨三大寺的数万僧人云集于此，齐为众生幸福与社会安定而祈祷，同时还举行辩经、驱鬼、迎诸弥勒佛等活动。各寺庙还推选出杰出僧人进行激烈的答辩，最终诞生出一批佛教精英。

其三，大昭寺还见证了西藏的许多重大事件。许多重大的政治、宗教活动，如"金瓶掣签"的活动就在这里举行。"金瓶掣签"是产生历代达赖和班禅的方法。清乾隆皇帝为避免认定大活佛灵童的弊端而规定认定达赖、班禅及各大呼图克图活佛转世灵童时必须在皇帝赐给的金瓶里，将灵童们的名字写于签上，由驻藏大臣掣签认定。此外，历代的达赖或班禅的受戒仪式等都在大昭寺进行。

西安慈恩寺

位于陕西省西安市和平门外。寺内有闻名全国的唐代大雁塔和唐代石碑。1961 年，国务院把大雁塔列为全国重点文物保护单位。

慈恩寺始建于唐贞观二十二年（648 年）。这是唐高宗李治做太子时，为追念母亲文德皇后而兴修的。那时，它是一座规模宏大、殿堂雄伟、装饰华丽的皇家寺院，后虽经不断维修，但损毁仍相当严重。现存的慈恩寺，仅为唐代慈恩寺的七分之一。

大慈恩寺建在隋朝无漏寺旧址上。这里地处长安城南风景秀丽的晋昌坊，南望南山，北对大明宫含元殿，东南与风光明媚的曲江相望，西南和景色旖旎的杏园毗邻，正合太子"挟带林泉，各尽形胜"之意。大慈恩寺规模宏大，占地面积近 400 亩，有十多个院落，各式房舍 1897 间，有许多能工巧匠为该寺塑造了精美佛像，唐代著名画家吴道子、尹琳、阎立本、王维等都在此留下了画作。

贞观十九年（645 年），西行求法的玄奘法师回到长安，在弘福寺主持翻译佛经，宣讲唯识宗等佛教教义，后由弘福寺移居大慈恩寺。大慈恩寺由此成为唯识宗（又称"法相宗"）祖庭。在此后的 19 年里，玄奘译经 25 部，计 1335 卷。所译经籍，文义联贯，准确流畅，开辟了中国译经史上的新纪元。

慈恩寺大雁塔

唐高宗永徽三年（652 年），为了完好地保存玄奘从印度带回的佛经，唐高宗敕令在慈恩寺修建大雁塔。塔名来自印度佛经故事：据说有一位菩萨化身为雁，舍身布施，后人葬之以塔，因名"雁塔"。玄奘原准备按照西域建筑风格，建造一座石雕佛塔，因施工难度太大，于是改为砖塔。最初为 5

层，高约 60 米。因土心砖表，不久渐次颓坏。武则天时又加以重修，增至 10 层。后又遭战火破坏。五代时改造为 7 层。

现在的大雁塔，大体保持五代修葺后的面貌。近年修缮大雁塔时，发现大雁塔外壁，是明朝重新包砌的一层很厚的砖皮，里面才是原来的塔，可谓塔中有塔。

大雁塔是佛教建筑艺术的杰作。塔高 64 米，底边各长 25 米。通体呈方形角锥状。每层有方形塔室，四面均置砖券拱门，可凭栏远眺。沿塔内梯可盘旋而至塔顶。该塔造型简洁美观，比例协调适度，格调庄严古朴。整个建筑高大雄伟，浑然一体。不仅是大慈恩寺的标志性建筑，也是古城西安的标志性建筑。

西安荐福寺

位于陕西省西安市南门外友谊西路。寺内有一座高耸俊秀的唐塔——小雁塔，1961 年被国务院列为全国重点文物保护单位。

此寺创建于唐文明元年（684 年），是为唐高宗李治献福而建的，故名献福寺。天授元年（690 年）更名为荐福寺。那时，寺内殿堂雄伟，香火旺盛。唐末战乱，荐福寺的香火一度衰落。宋、元、明、清时，寺内建筑几度维修，香火仍盛。1911 年辛亥革命后，关中地区战事频繁，荐福寺两次沦为战场，殿宇毁坏严重。1949 年后，殿堂得以修复，花木重萌新姿。寺内的主要建筑有山门、大雄宝殿、藏经楼、白衣阁、小雁塔等。

小雁塔建于唐景龙年间（707—710 年），原为十五级密檐式砖塔。因塔是仿慈恩寺大雁塔而建的，体量稍小，虽本名为荐福寺塔，但人们却把它称为小雁塔。明成化二十三年（1487 年）关中地震，小雁塔从顶至基裂缝一尺余。嘉靖三十四年（1555 年），关中再次地震，小雁塔塔顶二层倒掉。从那时直到今天，小雁塔便成了 13 层，高度为 45 米。新中国成立后，小雁塔得到了维修，裂缝得以加固。

荐福寺内，现还存有金明昌三年（1192 年）铸造的一口铁钟和宋代碑刻，亦很珍贵。

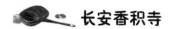

长安香积寺

位于陕西省长安县境内，距省会西安 17 公里。寺内有我国佛教净土宗实际创始人善导大师的墓塔，驰名海内外。

香积寺始建于唐神龙二年（706 年），后被战火烧毁。北宋重修，并曾于太平兴国三年（978 年）更名为开和寺。不久，又恢复了香积寺的原名。尽管历代均有维修或扩建，但到 1949 年时，此寺仅存唐塔 2 座、清代修建的大殿 3 间及数量有限的僧房。1979 年大修，重新修建了大雄宝殿等重要建筑，使香积寺初具规模。

善导大师塔，是专家们公认的一座唐塔。塔原为 13 层的方形砖塔，由于顶部毁坏了 2 层，现存 11 层，高 33 米。塔的周围，有 12 尊半裸的浮雕像。一层南门的门楣上，还有清代乾隆年间（1736—1795 年）刻写的"涅槃盛事"四个大字。塔东，还有一座唐代的砖砌小塔，是善导弟子的墓塔。

善导大师（613—681 年）曾到山西交城玄中寺，向道绰法师学习净土宗。回到长安后，他不但讲经传法，还写下了《往生礼赞》等著名的净土宗佛学著作。善导大师倡导比较简单的修行方式：只要一心专念阿弥陀佛，便可往生西方净土——极乐世界。这样，净土宗得以广泛传播。公元 8 世纪，净土宗随日本来华求法僧传入该国，并创立日本净土真宗。因此，我国和日本僧人，尊善导为净土宗实际创始人。日本僧人将交城玄中寺和长安香积寺，尊为净土宗的祖庭。

扶风法门寺

法门寺位于陕西省扶风县法门镇，始建于约公元 499 年前后的北魏时期，当时称"阿育王寺"（或"无忧王寺"）。该寺以供奉释迦牟尼真身舍利而著名。隋朝时，改天下佛寺为道场，阿育王寺改为"成实寺"。唐初时，高祖李渊改寺名为"法门寺"。武德二年（619 年），秦王李世民在这里度僧 80 名入住法门寺，宝昌寺僧人惠业为法门寺第一任住持。唐贞观年间，把阿育王塔

金碧辉煌的法门寺地宫

改建为四级木塔。唐代宗大历三年（768年）改称"护国真身宝塔"。自贞观年间起，唐朝统治者花费大量人力财力对法门寺进行扩建、重修工作，法门寺成为皇家寺院，先后举行了七次开塔迎佛骨的盛大佛事，对唐时佛教的发展以及唐代政治、文化都产生了重大影响。

唐贞观五年（631年），唐太宗第一次开示佛骨。佛指舍利的重现，掀起了一股崇佛热潮。显庆四年（659年），高宗敕准再度开示，并赐钱5000钱、绢50匹以充供养，后又赐绢3000匹作为造佛像、修宝塔的资金。高宗将这枚舍利迎请到皇宫里供奉，武则天为舍利造金棺银椁。直到龙朔二年（662年）才送回法门寺塔中。这次迎佛骨的时间长达几年之久，是唐代规模最大、奉献最多的一次。成通十四年（873年），唐懿宗第七次迎佛骨。迎接仪式极为隆重，执幡仪仗约万人，懿宗亲自出迎，向佛骨顶礼膜拜，将佛迎入内道场，以作供养，宰相以下竞施金帛，不可胜数。当年，懿宗去世，年底，僖宗昭令将佛骨送还法门寺。次年正月初四关闭了塔下地宫石门。从此，佛指舍利再未闻世，所藏供奉器物也成了千古之谜。

　　明隆庆三年（1569 年）关中大地震，法门寺木塔倒塌。万历七年（1579年）由当地士绅倡导，重修佛塔，历时 30 年修成了新的 13 级宝塔。塔为八棱形，高 47 米，为仿木构式砖塔。第一级上方八面分嵌"乾、坎、艮、震、巽、离、坤、兑"八字，以示八方，东、南、西、北的塔门上分别刻有"浮图耀日""真身宝塔""舍利飞霞""美阳重镇"。第二层到最高一层，每层八面各有一门洞，每洞置一铜佛像，共 88 尊。塔上门洞内还藏有经书、铜器。塔顶为覆钵形铜制塔刹，整个宝塔高峻挺拔，引人注目。

　　1981 年 8 月 21 日下午，由于年久失修等原因，13 层宝塔突然纵向坍塌了一半。鉴于法门寺是陕西省重点文物保护单位，故省政府决定清拆残塔重建新塔。出乎人们意料的是，这次清拆残塔工程，竟带来了一次惊世发现。

　　1987 年 4 月，封闭 1000 多年的神秘地宫之门被打开。地宫面积 31.84 平方米，是国内迄今发现的佛塔地宫中最大的一个。地宫基石皆雕成仰莲瓣形，取塔建于莲座之上意。地宫共有四道门，门上雕有天王护法像、莲花等，门楣上绘有姿态各异的瑞鸟朱雀。地宫中藏有大量文物，工作人员将地宫中文物如数转移到扶风县博物馆，由考古人员进行清理。5 月 5 日凌晨，考古人员小心翼翼地打开了一个宝函。这个宝函密密套合竟有八重之多。第一层檀香木已部分腐朽，第二层镏金银胎，第三层纯银，第四层又是镏金银胎，第五、六层纯金，第七层是玉石，第八层又是纯金。各层装饰极为美丽，金光耀眼。第八层之内是一座精巧的宝珠顶单檐四门纯金塔。此塔塔顶与塔体相连，塔基可以分开。揭开塔体，只见塔基上矗立着一根高 11 毫米的小银柱，上套着色白如玉的管状体。这正是被唐宪宗赞为"眼睹数次金光灿，手撑一片玉光含"的佛指舍利！这枚舍利重 16.2 克，高 40.3 毫米，上宽 17.55 毫米，下宽 20.11 毫米，腔径 13.75～16.75 毫米，上齐下折，色白如玉稍青，三面俱平，一面稍高，与地宫前室隧道中发现的《大唐咸通启送歧阳真身志文》记载的佛指骨相符。接着，在另外三个宝函里，又发现了三枚佛指舍利，第二枚供在地宫中室的汉白玉双檐灵帐内；第三枚秘藏于地宫后室下小龛中的铁函之内；第四枚在地宫前室的彩绘四铺菩萨舍利塔中。值得一提的是第三枚佛指舍利，开启铁函后，里面是镏金 45 尊造像盝顶宝函，伴有两颗水晶随珠，函身凿刻一行字："奉为皇帝敬造释迦牟尼真身宝函"。镏金宝函内是檀香木函，木函内是水晶椁，椁盖两端镶嵌着黄、蓝宝石各一，四面是明亮的珍珠，椁内套一白玉石棺，棺中有一枚佛指舍利，白中泛黄并有似发霉后的骨锈斑点。

时任中国佛教协会会长赵朴初闻讯后，立即赶到扶风，在对四枚佛骨进行了细致考察后，他指出，第一、第二、第四枚佛骨应为"影骨"，只有第三枚才是"灵骨"，是释迦牟尼留给人世间的真身遗骨。"影骨"是特为保护"灵骨"而用玉石仿制成的。灵骨好比天上的明月，影骨犹如明月在地上江河中的影子。对于佛家来说，不管是"灵骨"还是"影骨"，都是释迦牟尼的真身舍利。

法门寺塔地宫佛指舍利的发现，轰动了世界，被誉为继世界第八大奇迹——秦始皇陵兵马俑之后的又一重大发现。

青海塔尔寺

塔尔寺是青海省一座最为著名的佛教寺院。这座寺院，坐落在湟中县鲁沙尔镇的莲花山山坳中，距省会西宁26公里。

塔尔寺的藏语名称，叫作衮本贤巴林，意思是"十万狮子吼佛像的弥勒寺"。

塔尔寺是藏传佛教善规派（即格鲁派，又称黄教）创始人宗喀巴的诞生地，被视为宗教圣地。元至正十七年（1357年）十月十日，宗喀巴就诞生在这里。宗喀巴3岁受戒，7岁出家，16岁时入西藏深造，由于他广拜高僧名师，潜心研究显密经论，佛学造诣甚高，并写出了《菩提道次论》《密宗道次论》等重要著作，成为藏传佛教中的一代高僧。在长期的宗教生活中，宗喀巴看到当时西藏的佛教风气日益颓败，于是发起了一场改革西藏宗教的运动。他要求佛教僧众恪守教规，主张先修显宗教论，后修密宗教论，显密二宗教论兼修。由此，宗喀巴创立了藏传佛教中的善规派，即格鲁派。此派僧人均戴黄帽，所以俗称黄教。宗喀巴宗教改革的主张得到了西藏执政者和广大僧众的支持，格鲁派逐渐成为藏传佛教中的主要流派。宗喀巴在明永乐十七年（1419年）十月二十五日圆寂后，由他的两位大弟子继承法位，以后便形成了达赖、班禅两个神职系统的活佛转世制度。从此，宗喀巴被尊为藏传佛教

塔尔寺八大如来宝塔

格鲁派的祖师，他的诞生地便成了闻名遐迩的佛教圣地。

塔尔寺规模宏大，建筑雄伟，佛殿金碧辉煌，经堂宽阔壮丽，僧舍栉次鳞比，它和西藏的色拉寺、甘丹寺、哲蚌寺、扎什伦布寺以及甘肃的拉卜棱寺，并称格鲁派的六大寺院。

塔尔寺占地面积 14.2 万平方米，全寺的建筑依山就势、错落有致地布置在莲花山山沟之中。其主要建筑有大金瓦殿、大经堂（显宗经院）、弥勒殿、金刚殿、释迦殿、文殊殿、密宗经院、医明经院、时轮经院、长寿殿、小金瓦殿（护法神殿）、八大如来宝塔以及上酥油花院、下酥油花院、时轮塔、过门塔、僧舍等。

位于全寺中心的大金瓦殿，建筑面积 450 平方米，是塔尔寺的主殿。此殿于公元 1379 年初建时，仅为一座小瓦房，以后建成大殿。清康熙四十七年（1708 年）扩建，初具今日的规模。大金瓦殿有三层歇山式屋顶，檐下砌鞭麻墙，中间镶金刚时轮梵文咒和铜镜，底层砌砖，这是典型的融汉藏特色为一体的宫殿式建筑。殿顶全铺镏金瓦，脊上安有大金顶宝瓶、喷焰宝饰。殿内有以白旃檀木为核心、高 11 米的银壳神变大灵塔。塔座以纯银做成，塔身表面镀以黄金，并镶有各种珍宝，辉煌灿烂。塔内中部佛龛里供着宗喀巴的药泥佛像，龛前有金灯、银灯、铜灯、大象牙、古瓶等供物。

大经堂在大金瓦殿前，建筑面积 2750 平方米。这座两层平顶的藏式建筑，是全寺喇嘛集体礼佛、诵经的地方。此殿初建于明万历四十年（1612年），清乾隆四十一年（1776 年）扩建，1912 年被火烧毁后重建。全殿 168 根柱子，除了 60 根包于墙壁之内外，其余 108 根全部裹上了五彩条毯。四壁佛龛中供有千尊宗喀巴的镏金铜铸像。

小金瓦殿又叫护法神殿，始建于清康熙三十一年（1692 年），建筑面积1100 多平方米。殿内供着五位勇猛明王即护法神像，两侧排列着野牛、虎、豹、熊、羊、猴等动物标本。象征着佛法神力降伏了妖魔鬼怪。

八大如来宝塔，矗立在塔尔寺山门内的广场上，呈一字形排列。每座塔均为方座、圆肚、锥尖，八塔代表和赞颂着佛祖释迦牟尼的八项功德，如降生、初转法轮、战胜一切魔鬼等。

塔尔寺也是一座艺术的殿堂，除它的建筑和难以计数的精美绝伦的法物、供器、佛像之外，壁画、堆绣、酥油花被人们称为塔尔寺艺术的"三绝"，一向受人们的青睐。

塔尔寺经堂、佛殿的四壁、天花板和梁上，走廊、回廊的两边和顶部，绘满了形态生动、色泽鲜艳的壁画。这些壁画有的直接绘在墙壁和梁柱上，有的绘在木板上，还有相当一部分绘在布幔上。堆绣是用五光十色的绸缎剪成各种形状，或拟人，或状物，再缝在布幔上，内填棉花或羊毛，富有立体感，酷似浮雕。塔尔寺的壁画和堆绣，其内容以佛教故事、神话传说为主。在佛、菩萨等形象之间，点缀着山水、云霞、草木、虫鱼、鸟兽以及亭台楼阁等，在神秘的宗教氛围中又糅进了几分生活的情趣，虽有些望尘莫及，却又有些亲近感。

每年从夏历正月初八至十五、四月初八至十五、六月初三至初八、九月二十至二十六日，塔尔寺都要举行大法会，人们又叫它为四大观景。每次大法会不但有盛大的佛事活动，而且还要跳法王舞、展览酥油花，同时也进行物资交流。其喜庆热闹的场面，大大超过从前。

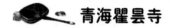

青海瞿昙寺

瞿昙寺，藏语叫作乐都持金刚佛寺或乐都寺，坐落在青海省乐都县城南26公里处，坐西朝东。这是我国西北地区保存完好的一处明代建筑群。

瞿昙寺原是藏族一个部族的佛堂，是一位叫三罗喇嘛的僧人创建的。三罗喇嘛从小出家，曾在青海湖海心山上修行，因此，又被叫作海喇嘛或黑喇嘛。当时，他在青海，特别是青海东部的藏族群众中有较高的声望。明朝洪武年间，明军在征战青海的过程中，三罗喇嘛曾说服青海东部的藏族部族归附明朝。由此，明朝政府看到了宗教上层人物在扩大地盘、巩固统治中的重大作用，对三罗喇嘛和由他创建的瞿昙寺极为重视。明太祖朱元璋为瞿昙寺亲题匾额。明成祖朱棣派钦差去青海监督扩建瞿昙寺。明宣宗朱瞻基即位后，也下令继续扩建该寺。在明朝政府的支持下，瞿昙寺内先后修建殿宇、佛堂4座，下院一处，钟楼、鼓楼四幢，厢廊72间，碑亭两座以及禅房、僧舍等。除此之外，在寺内还立有御制碑刻五座。这样，瞿县寺就由一座小小的部族佛堂变成了一座建筑宏伟、规模宏大的佛教寺院。清朝雍正年间，瞿昙寺开始衰落。新中国成立后，瞿昙寺作为一座珍藏丰富的文物宝库，得到了政府和人民的精心保护。

瞿昙寺占地面积为15000平方米，建筑面积约10000平方米。它的建筑布局和汉族寺庙是一样的。中轴线上依次排列着山门、金刚殿、瞿昙寺殿、宝光殿、隆国殿。两侧分别有护法殿、三世殿、前后钟鼓楼等建筑。瞿昙寺殿、宝光殿、隆国殿是该寺的主要殿堂。

瞿昙寺殿，是该寺修建最早的一座大殿，俗称前殿。它初建于明洪武二十五年（1392年），清乾隆四十七年（1782年）曾进行过补修，但基本上保留了原来的建筑风格。大殿内檐门额上悬挂着明洪武二十六年（1393年）太祖朱元璋赐的"瞿昙寺"横匾一块。

宝光殿，俗称中殿。明永乐十六年（1418年）建成，明成祖赐名"宝光殿"。该殿的规模比前殿大，但比后殿（隆国殿）小。

隆国殿，俗称后殿。它于明宣德二年（1427年）建成。这是建在该寺最高处、建筑规模最大的一座大殿，占地900余平方米。殿内有一个泉池，是信徒们取水供佛的地方。池上建有一座高约9尺，连底座共分4层的泉神堂，建筑特别。这种殿内有堂的建筑，实属罕见。殿内虽有泉水，高大的建筑数百年不倾斜、不倒塌，这不能不说是建筑史上的奇迹。

两厢廊，又叫画廊，当地群众称之为 72 间走水厅，建于明宣德二年（1427 年）。廊内存有明代壁画四百多平方米。壁画描绘了佛的故事。山川、楼阁、动物、植物、人物画得很生动。时过数百年，色泽仍较鲜艳。

瞿昙寺内的珍贵文物，明、清两朝的都有，但以明朝最多。

第一，匾额。寺内现有匾额十块，其中，明代七块，清代三块。明洪武二十六年（1393 年）的"瞿昙寺"横匾、宣德二年的"隆国殿"陡匾、万历二十一年（1593 年）的"独尊"陡匾、崇祯元年（1628 年）的"佛威振虏"匾、崇祯二年（1629 年）的"锄邪护正"匾等，至今仍高悬在大殿内外。"瞿昙寺"匾，是明太祖朱元璋亲笔题写的。

第二，碑刻。寺内现有石碑五座，全为明代御制的。其中，永乐年间三座，洪熙年间、宣德年间各一座。这些石碑的碑文，记述了瞿昙寺的建造经过和管辖范围，是研究该寺历史的珍贵史料。

第三，印玺。明朝皇帝曾先后封赐三罗喇嘛以后的瞿昙寺寺主为大国师、国师。永乐十年（1412 年）封班丹藏卜为"瞿昙寺灌顶净觉弘济大国师"，赐镀金银印一颗；同年，封索南坚赞为"瞿昙寺灌顶广智弘善国师"，并赐象牙图章一枚；明弘治二年（1489 年）诏令尼麻藏卜为瞿昙寺都纲，赐铜印一颗。这三颗印章早已上交清朝政府，而明成化二十二年（1486 年）赐给的"瞿昙寺灌顶戒定西天佛子大国师"金印，重 88 两，明宣德二年赐给的"瞿昙寺禅师"象牙图章，至今尚存寺内。

第四，其他珍贵文物。

皇帝万岁牌，高 6 尺，上面用汉文、藏文写着"皇帝万岁万万岁"。这块万岁牌，是御用太监孟继、尚义、陈享、袁琦等人在宣德二年立的。

象背云鼓，俗称象皮鼓。象为石雕，背驮木雕云彩，云间置鼓一面。石象呈卧式，象鼻衔花，回首凝望，神态非常生动。

以上两件文物，均存于隆国殿内。

此外，寺内还有明铸青铜钟、七星摺花刀以及木雕、砖雕、石雕艺术品和壁画等。

知识链接

承天寺 "东土名流" 与 "西方达士"

承天寺在宁夏回族自治区首府银川市旧城的西南隅。寺内有一座秀丽挺拔的砖塔，叫作承天寺塔。这是我国目前仅存的一座有建塔时间记载的西夏（1032—1227 年）古塔。

公元 1050 年，西夏王朝的开国国君景宗赵元昊去世，他的刚满周岁的儿子赵谅祚继承皇位，改年号为天祐垂圣。这就是毅宗。他的母亲、皇太后为求保佑西夏江山永固、儿子圣寿无疆，遂命人建造佛寺一座，取承天顾命之意，将寺庙命名为承天寺。

当时的承天寺，规模宏大，殿宇雄伟，佛像慈祥端庄，梁柱斑斓多彩，"东土名流"（中原一带的高僧）往来，"西方达士"（西域高僧）接踵，香火极为旺盛。那时，承天寺和凉州（武威）的护国寺、甘州（张掖）的卧佛寺齐名，并称为西夏王朝三大寺。

随着西夏王朝的覆亡，承天寺也逐渐衰败了。至公元 14 世纪中、后期元末明初的时候，寺内颓垣断壁、瓦砾成堆，荒草遍地，唯孤塔一座，尚岿然耸立。明太祖朱元璋诏封他的第十五子朱㮞为庆靖王，驻守银川之后，朱㮞和他的子孙们，先后在洪武、成化、万历年间，整修过承天寺，并使承天寺的香火再度旺盛起来。清乾隆三年（1738 年），强烈的地震使承天寺受到极大破坏，不但房倒屋毁，连屹立了近 600 年的那座砖塔也坍塌了。我们现在看到的承天寺塔，是嘉庆二十五年（1820 年）重新修建的。

承天寺塔虽为清代重建，但其形制和规模，仍基本上保持了原貌。

承天寺塔又叫西塔，八面十一级，高 64.5 米，系楼阁式建筑。塔内留有方形空间，中间设楼梯，从底层东向开设的塔门进去，可登临塔顶。塔外，一至三层未设窗洞；四层至十层的窗洞交替设置，即：凡偶数层，窗洞设在东、西方向，奇数层，则设在南、北方向。顶层另设圆形大窗，登高远眺，视野开阔，而室内又显得特别敞亮。除窗洞之外，各层均修有佛龛。塔尖为绿色琉璃瓦镶砌的八角形尖顶，俊俏秀丽。从下到上，全塔收分明显，呈角锥形。这座西夏古塔，为古城银川平添了几分秀气。

坐西朝东的承天寺，在1949年以后又整修了佛殿和寺塔的楼梯、塔顶，寺院面貌一新。现在，承天寺分前院和后院两部分。前院有五祖殿、承天寺塔，后院有韦驮殿、卧佛殿等。它不但是一处佛教圣地和旅游景点，同时也是宁夏回族自治区博物馆所在地。

图片授权

全景网

壹图网

中华图片库

林静文化摄影部

敬 启

本书图片的编选，参阅了一些网站和公共图库。由于联系上的困难，我们与部分入选图片的作者未能取得联系，谨致深深的歉意。敬请图片原作者见到本书后，及时与我们联系，以便我们按国家有关规定支付稿酬并赠送样书。

联系邮箱：932389463@qq.com

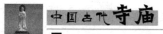
参考书目

1. 谢宇．中国古代宫殿堪舆考．北京：华龄出版社，2012.

2. 李玉青．一尘一刹一楼台——寺庙卷．北京：北京工业大学出版社，2012.

3. 高万山，黄炎庆．江都寺庙揽胜．南京：凤凰出版社，2012.

4. 郭俊红．中华寺庙．北京：农村读物出版社，2010.

5. 王宏涛．西安佛教寺庙．西安：西安出版社，2010.

6. 王同祯．寺庙北京．北京：文物出版社，2009.

7. 《最美中国》编辑部．中国最美 100 个寺庙观堂．北京：中国旅游出版社，2009.

8. 李少林．中华寺庙——中华民俗文化．呼和浩特：内蒙古人民出版社，2006.

9. 王立娜．寺庙文化．呼和浩特：内蒙古人民出版社，2006.

10. 张近意．佛陀的家园：60 座经典寺庙．北京：时代文艺出版社，2006.

11. 余桂元．中国著名的寺庙宫观与教堂．北京：商务印书馆，2005.

12. 鸿宇．寺庙——中国民俗文化．北京：中国社会出版社，2004.

13. 佟洵．佛教与北京寺庙文化．北京：中央民族大学出版社，1997.

14. 罗哲文等．中国著名佛教寺庙．北京：中国城市出版社，1996.

中国传统民俗文化丛书

一、古代人物系列（9本）

1. 中国古代乞丐
2. 中国古代道士
3. 中国古代名帝
4. 中国古代名将
5. 中国古代名相
6. 中国古代文人
7. 中国古代高僧
8. 中国古代太监
9. 中国古代侠士

二、古代民俗系列（8本）

1. 中国古代民俗
2. 中国古代玩具
3. 中国古代服饰
4. 中国古代丧葬
5. 中国古代节日
6. 中国古代面具
7. 中国古代祭祀
8. 中国古代剪纸

三、古代收藏系列（16本）

1. 中国古代金银器
2. 中国古代漆器
3. 中国古代藏书
4. 中国古代石雕
5. 中国古代雕刻
6. 中国古代书法
7. 中国古代木雕
8. 中国古代玉器
9. 中国古代青铜器
10. 中国古代瓷器
11. 中国古代钱币
12. 中国古代酒具
13. 中国古代家具
14. 中国古代陶器
15. 中国古代年画
16. 中国古代砖雕

四、古代建筑系列（12本）

1. 中国古代建筑
2. 中国古代城墙
3. 中国古代陵墓
4. 中国古代砖瓦
5. 中国古代桥梁
6. 中国古塔
7. 中国古镇
8. 中国古代楼阁
9. 中国古都
10. 中国古代长城
11. 中国古代宫殿
12. 中国古代寺庙

五、古代科学技术系列（14 本）

1. 中国古代科技
2. 中国古代农业
3. 中国古代水利
4. 中国古代医学
5. 中国古代版画
6. 中国古代养殖
7. 中国古代船舶
8. 中国古代兵器
9. 中国古代纺织与印染
10. 中国古代农具
11. 中国古代园艺
12. 中国古代天文历法
13. 中国古代印刷
14. 中国古代地理

六、古代政治经济制度系列（13 本）

1. 中国古代经济
2. 中国古代科举
3. 中国古代邮驿
4. 中国古代赋税
5. 中国古代关隘
6. 中国古代交通
7. 中国古代商号
8. 中国古代官制
9. 中国古代航海
10. 中国古代贸易
11. 中国古代军队
12. 中国古代法律
13. 中国古代战争

七、古代文化系列（17 本）

1. 中国古代婚姻
2. 中国古代武术
3. 中国古代城市
4. 中国古代教育
5. 中国古代家训
6. 中国古代书院
7. 中国古代典籍
8. 中国古代石窟
9. 中国古代战场
10. 中国古代礼仪
11. 中国古村落
12. 中国古代体育
13. 中国古代姓氏
14. 中国古代文房四宝
15. 中国古代饮食
16. 中国古代娱乐
17. 中国古代兵书

八、古代艺术系列（11 本）

1. 中国古代艺术
2. 中国古代戏曲
3. 中国古代绘画
4. 中国古代音乐
5. 中国古代文学
6. 中国古代乐器
7. 中国古代刺绣
8. 中国古代碑刻
9. 中国古代舞蹈
10. 中国古代篆刻
11. 中国古代杂技